京都・大原さんちの台所塾

わたしの十八番
レシピ帖
〔定番もの〕

大原千鶴

文藝春秋

目次

◎はじめに 4

◎「自分の味」を育てる4つのコツ 6

1章 みんなが好きな 王道定番 7

エビクリームコロッケ 8
ポテトサラダ 10
豚バラ大根 12
カリッとから揚げ 14
ピリッとから揚げ 15
鶏むね肉のロースト 16
アクアパッツア 18
鯛のアラ炊き 20
鮭の南蛮漬け 22
さくさくカツレツ 24
ポークハンバーグ 25
筑前煮 26
高野豆腐と野菜の炊き合わせ 28
モンゴリアンビーフ 30
焼き肉 31
豆腐なます 32
小鯛の煮つけ 33
ほくほく肉じゃが 34
タラコこんにゃく 36
アボカドの春巻き 37
ブロッコリーのくたくた煮 38

コラム①
「出来たて」を逃さずに 40
…納豆汁

2章 体で覚える 基本のたれ定番 41

〔最強たれ〕 42
〔韓流だれ〕 43

※〔最強たれ〕展開レシピ
豆腐ステーキ 44
牡蠣の甘辛焼き 45
豚のしょうが焼き 46
鶏と野菜の照り焼き 47

※〔韓流だれ〕展開レシピ
タラのしょうゆ焼き 48
韓流マーボー豆腐 49
ワカメ炒め 50
ジョン 51

コラム②
ふだんの家庭だしは「水だし」 52
…水だし

3章 忙しい日の お助け定番 53

鯖とトマトのパン粉焼き 54
焼き厚揚げ 56
シャキシャキ水菜サラダ 57
豚ニラ炒め 58
切り干し大根サラダ 59
丁稚のすき焼き 60
蒸し野菜のおかずみそ添え 61
ひじき煮 62
かぼちゃとなすの煮もの 63
サムギョプサル 64

&ちくわとねぎのスープ 64
牛しゃぶ 66
サラダ菜のサラダなの 67
カレイのムニエル 68
九条ねぎのアーリオオーリオ 69
チンゲン菜と鶏の治部煮 70
梅とろろ 71
イカトマ炒め 72
豆苗炒め 73
1分おでん 74

コラム③
「味の出来あがり」を自分の食べ頃に 76
…根菜サラダ

4章
一品主役の 麺・ご飯もの定番 77

じゃこと万願寺とうがらしのチャーハン 78
サブジごはん 80
焼きそばナポリタン 82
チャプチェ 84
うな玉丼 86
しば漬け豆腐丼 87
アジのちらし寿司 88
きざみきつねうどん 90
鶏煮麺 91
簡単サムゲタン 92

コラム④
ふつうの台所、ふつうの道具 94
…マッシュポテト

5章
大人もよろこぶ おやつ定番 95

アメリカン・チョコチップクッキー 96
昔プリン 98
わらび餅の黒蜜きな粉かけ 100
甘酒と酒粕焼き 102
りんご生ジュース 104

アイデア目次 105
材料別さくいん 106
〔ソース・たれ・だし〕配合カード 108
「鯖とトマトのパン粉焼き」の副菜 カバー裏
ほうれん草の韓流おひたし
ころころフライドポテト
生ハムキーウィ

◎計量の単位は1カップ＝200cc、大さじ1＝15cc、小さじ1＝5ccです。
◎電子レンジは600Wのものを使用しています。
◎バターは有塩、塩は自然塩を使っています。
◎「だし」はかつお節、昆布、煮干しでとった「水だし」（P52）を使っています。
◎レシピに記載のマークについて
10 min →調理時間の目安です。 ！→材料やレシピのアレンジなど追記メモです。

はじめに

「作るたびに味が変わってしまう」「自分の味が決まらないんです」……。
料理教室の生徒さんたちから、そんなご相談を受けることが度々あります。
レシピ通りには作れても「自分の味」が定まらないと、みなさんお悩みなんですね。

それじゃあ、私の「自分の味」ってどんな味だろう？ と改めて考えてみました。
私が生まれ育ったのは京都の奥山。
野や川、田畑の生命力あふれる素材の味に親しんで育ち、
大人になって、留学や仕事や旅先で触れた外国の味を覚え、
結婚後は、京都の街中にある嫁ぎ先の味を身につけ……と、年齢を重ねて
経験と出会いをからめ、見て聞いて、覚えた味を少しずつ蓄えてきました。
そうやって小学生の頃から30年近く、山ほど料理を作ってきたわけですが、
10年20年とずっと作り続けている料理がある一方、
おいしくてもいつの間にか作らなくなった料理もあり、
と自然とふるい分けられているのですから、おもしろいものです。

大切に作り継いできたレシピは、特別でない、いつもの料理ばかり。
気づけばいつもの日のふつうのごはんが、
日々の出来事としっかり結びついているのですね。

運動会だからお誕生日だからと作る子どもたちの好物に、
お弁当にせっせと詰めてきたおかずがあり、
ありあわせの材料で作ったごはんにほっとなごむときがあって。
「また、あれ作って」といわれたうれしさを杖にして、
繰り返し作って、繰り返し食べてきた、体になじむ料理。
それこそが「自分の味」なのだろうなあと思いました。

今回この本では、最も私らしい味である十八番レシピの中から
なんでもない日に登場する、定番料理を紹介させていただきます。
昔の定説にしばられず、しょっちゅう作って見いだした工夫やコツ、
その料理や食べてくれる家族の評判などもちょこっと交えて。
毎日のごはん作りにすぐ役立つだろうと思うことを、
「台所塾」らしく、気さくにわかりやすく綴ってみました。

本をめくり「これ、うちの定番にしよう」なんて楽しんで、
繰り返し作り続ける料理が増え、だんだんそれぞれの「自分の味」が育ってくる。
そんなときに、あなたの台所でこの本が助けとなったら何よりうれしいことです。

京都の台所から心をこめて

大原千鶴

「自分の味」を育てる4つのコツ

その1　作る前に必ず、料理の仕上がり（食感、味、盛りつけ）をクリアにイメージしましょう。

その2　おいしさにはスピードも大事。料理中は手の動きを自分なりに速くするよう意識しましょう。

その3　基本調味料の銘柄をあれこれ変えると味が定まりません。わが家の定番調味料を決めましょう。

その4　自分の好きな味つけを覚えましょう（味つけはできるだけ比率で覚えて）。

◎レシピは絶対ではなく「ものさし」としてください。
何度か作ったら、あなたの好きな味つけをレシピに書き加えてください。
（使い込まれたページがあることは、愛用されている料理本のよろこびです）
◎「自分の味」を育てる一番の近道は、食いしんぼうであること。
自分の「おいしい」感覚を信じて、どんどん冒険していいのです。
なにしろ「おいしいは自由」ですから！

1章

みんなが好きな王道定番

うちの家族やお客さんにふるまっては、
みんなが「すごくおいしい！」とよろこんでくれる、
わが家の定番中の定番おかずです。
繰り返し作り続けているうちに、
プロセスが簡潔になったレシピは、
気負わずに作れるところも大好評です。
白いご飯好きでお酒もイケる口の
「私らしい味」のおかずが揃いました！

エビクリームコロッケ

私が子育てで大変なとき、姉が作ってくれたエビクリームコロッケ。サクッとした衣からとけ出るクリームが、口いっぱいに広がって。それはもう、疲れが吹っとぶ口福でした。以来うちでも、家族のお祝いごとや人が集う日に作って、私の特別な十八番になりました。クリームコロッケは作るのがむずかしいイメージがあるけれど、私のレシピはやさしくアレンジしたものなんです。「おいしさの質は妥協せず、面倒を上手にそぎ落とす」という私流で、ぐっとシンプルに改良。ホワイトソースもたねを丸める作業もひと工夫して、手数はあっても作りやすい安心レシピになりました。

意外な盲点が、衣づけ。のろのろ扱っていると体温でたねがゆるむので「衣は手早く」を肝に、揚げたてを食卓へ。大人も子どもも笑顔でパクパク。この幸せのためならと、また作ってしまいます。

材料（直径4cm　約30個分）45 min

冷凍むきエビ（大）…250g　ベーコン…60g　玉ねぎ…1/2個　塩…小さじ1/2　サラダ油…小さじ2　小麦粉・溶き卵・パン粉・揚げ油…各適量

簡単ホワイトソース〔バター・薄力粉…各50g　牛乳…450cc〕

1〔簡単ホワイトソース〕を作る。

①耐熱ボウルにバターと薄力粉を入れる。電子レンジで1分加熱（以下、ずっとラップなしで！）。→溶けかけたバターと粉を泡立て器でよく混ぜる。

②電子レンジで1分加熱。→バターと粉が生焼けクッキーのようになったら、牛乳を加えてよく混ぜる。

③電子レンジで6〜8分を目安に沸騰す

みんなが作れる、やさしいレシピ。
失敗なしのホワイトソースのおかげです。

るまで加熱。↓ムラなく熱するために途中1、2度レンジから出して混ぜる。

2 ベーコンと玉ねぎを粗みじん切りにする。むきエビは背ワタを取り、半分に切る。フライパンにサラダ油を熱し、玉ねぎ、ベーコン、むきエビの順に炒める。

3 1の〔簡単ホワイトソース〕と2の具材を混ぜる。味をみて塩でととのえ、バットに移す。粗熱がとれたら冷蔵庫で固まるまで冷やして扱いやすくする。

4 3を丸め、小麦粉・溶き卵・パン粉の順に衣をつけ、180度の油で揚げる。

※たねを丸める手のベタベタは、軽く水をつけながらやると扱いやすくなります。

レンジで作るホワイトソースのこつはしっかり混ぜることだけ！泡立て器で練るように混ぜてなめらかに。

具を入れホワイトソースを仕上げたら、バットに広げて熱を逃がし、冷蔵庫で固まるまでしっかり冷やして。

！〔簡単ホワイトソース〕は牛乳の量を変えるとグラタンやシチュー、クリームパスタなどに使い回せます。

ポテトサラダ

うちの子は3人中2人がマヨネーズ嫌いだけど、このポテトサラダだけはよく食べてくれます。でも、彼らが幼いうちは「生玉ねぎヌキ、ハム多め、卵かたゆで」と、ちびっこ向きのポテサラしか許されず、黄金レシピを封印した時代もありました。今では子どもたちの味覚も成長し、「生玉ねぎOK！　きゅうりたっぷり！　ゆで卵ちょいゆるめ！」の私好みの味に全員賛同。繰り返し作っているうちに「こういうのが好き」も微妙に変化して、こうして家族とともに「うちのおいしい」は進化していくんですね。

材料（3～4人分）　30min

じゃがいも（男爵）…3個　きゅうり…1本　紫玉ねぎ…1/4個　ハム…2枚　マヨネーズ…大さじ4　卵…1個

1　じゃがいもは皮をむいてひと口大に切り、鍋の6分目の水加減でゆでる。

2　きゅうりは薄切りにし、塩ふたつまみ（分量外）でもみ、3分おいて絞る。紫玉ねぎは薄切りにして水にさらし、軽く絞る。ハムは1cm幅の短冊に切る。

3　卵は半熟卵にする。（お玉に卵をのせ静かに入れて）熱湯から7分ゆで、冷水にとって殻をむく。

4　1のじゃがいもをザルにあげ、ボウルに入れてマッシャーでつぶし、2の具材と、マヨネーズを入れてよく混ぜる。

5　器に盛り、3の半熟ゆで卵を手で割ってトッピングする。

※紫玉ねぎは少量ながら、さっぱりした味わいに欠かせない名脇役。ぜひ入れて。

じゃがいもをゆでる水加減は「ひたひた」。ゆで汁に栄養分が余分に逃げず、煮あがりも早い、と合理的。

黄身とろとろの半熟卵は「熱湯から7分ゆで」と覚えて。料理にのせると一気に華やぎます。

具がベストマッチ。
食べ飽きない
大人のポテサラです。

！同じレシピでも、じゃがいものつぶし加減で、粗め、なめらかめ、と食感を変えると新鮮です。

豚バラ大根

私の大好物はブリ大根。とってもおいしいのに、子どもたちのウケはいまひとつです。甘辛味の大根のおいしさをわかってほしくて、あるときブリを豚バラ肉に代えて作ってみたら、これが大ヒット！ポイントは豚の煮加減で、あまり煮すぎると肉がかたくなるんです。表面を焼きつけ、圧力鍋で肉だけ先にやわらかくしたあと、圧力なしで大根を足して煮ると、味の仕上がりが揃って思わずうなってしまうおいしさ。旬の大根で作れば、また格別です。

材料（4人分） 45 min

豚バラ肉（かたまり）…300g
大根（中）…1/3本
A〔酒・砂糖・濃口しょうゆ…各大さじ3〕
からし…適宜

1 豚バラ肉は3cm角に切り、熱したフライパンで全面に中火で焼き色をつける。肉だけ取り出して圧力鍋に移す。

2 1の豚肉を水300cc（分量外）とともに圧力鍋に入れ、ふたをして中火にかける。煮立ったら火を弱める。蒸気があがったら少し火を弱め、20分煮て火を止め、そのままおいて少し冷ます。

3 大根は皮をむいて1.5cm幅の半月切りにし、水からゆでて竹串がすっと通るまで煮てザルにあげる。

4 2の鍋のふたを開け、3の大根とAの調味料を入れ、そのまま中火で20分ほど煮る。器に盛り、好みでからしを添えて。

※煮くずれなしで味がしみた大根にするには、煮ている間に大根を動かさないこと。火を止め、最後に鍋をゆすって味をなじませます。

※いったん冷ますと味がしみて、いっそうおいしくなります。

煮る前に焼きつけると余分な脂は外へ、中のうまみは油でコーティング。とろけるほどやわらかな煮豚に。

甘辛い煮豚と大根。
うまみを引き出しあう
抜群コンビです。

！煮汁に半熟卵（P10）をひと晩つければ煮卵に。豚バラ大根と食べるとサイコー。

カリッとから揚げ

おうちが老舗の鶏肉屋さんのママ友に、から揚げ用の鶏肉をいただきました。「お料理の先生やし知ってはると思うけど、菜箸で挿してね」っていわれたけど、知らなかった私。即、ひと挿しして二度揚げしたらカラッと揚がった！　この裏ワザ、やみつきです。

材料（3～4人分）　35 min

鶏もも肉…2枚（500g）　卵…1個
片栗粉…大さじ5～6　揚げ油…適量
つけだれ［薄口しょうゆ…大さじ1½
ごま油…大さじ1　おろししょうが・おろしにんにく…各小さじ1　こしょう…少々］

1　鶏もも肉は余分な脂を切り落とし、ひと口大に切る。

2　ボウルに［つけだれ］を合わせ、1の鶏もも肉を入れ混ぜて5分おく。

3　2に卵を溶き入れ片栗粉を加え、手でよくもんで混ぜ、180度の油で揚げる。火が通ったらいったん取り出し、箸で突いて、もう一度1分ほど揚げる。

※衣はぽってりした天ぷら風。片栗粉の量は卵や鶏肉の重さ次第で、卵液が多い場合は片栗粉を増やすなど、調整して。

箸で突いて肉の余分な水分を抜き、二度揚げで外の皮がカリッ。箸突きは1回で十分です。

！まわりをカリッと揚げるには卵と粉をよくからめること。

ピリッとから揚げ

私のパーティーメニューで絶対人気の一品。「このたれ、どう作るの?」と聞かれては、「秘伝なの」なんてもったいぶっていますが、とっても簡単。目分量で、ざっくり調味料を合わせても失敗なし。冷めてもおいしいのでお弁当にも好評です。

材料(3〜4人分) 35 min

鶏もも肉…2枚(500g)
片栗粉・揚げ油…各適量
ピリ辛だれ〔砂糖・濃口しょうゆ…各大さじ4　コチュジャン…大さじ1　おろしにんにく…小さじ1/2〕

1 鶏もも肉は余分な脂を切り落とし、ひと口大に切って、塩・こしょう(分量外)をふる。片栗粉をまぶして180度の油でカラッと揚げ、油をきる。

2 ボウルに〔ピリ辛だれ〕を合わせ、揚げたての1をからめる。

3 器に好みでせん切りレタスなど緑の野菜を敷き、2のから揚げを盛る。

※〔ピリ辛だれ〕は味をみて、好みで辛さを加減して。
※これはしっとりと衣にたれをからませたいので、箸で突きません。

2
コチュジャンベースのたれ。ふつうは下味にからめるけど、これは揚げた衣につけるところがミソ。

! 〔ピリ辛だれ〕は炒めものなどに少し加えると若者味になる重宝だれ。常温で1ヶ月くらい保存OK。

絶妙の余熱時間で、
チキンの味を格あげ。
ビストロ風のひと皿に。

鶏むね肉のロースト

ご近所のスーパーで週1回は、特売に登場していた鶏むね肉。あまりの安さにしょっちゅう買ってしまい、むね肉レシピの研究を繰り返して、たどりついた逸品がこのローストです。最も大事なポイントは肉の温度。むね肉は冷蔵庫から出して常温にしてから料理してください（夏なら20分でOK）。ふたをして余熱をうまく利用することで、パサつかず肉の中まで火を通すことに成功。

皿に盛ったむね肉の上等な姿とお味。まさか原価100円の料理とは思えないでしょう？　と、ひそかにほくそ笑んでる私です。

材料（4人分）　20 min

鶏むね肉…2枚（400g）
塩…小さじ1
こしょう…少々
小麦粉…適量
オリーブオイル…大さじ1

1　鶏むね肉は余分な脂を切り落とし、塩、こしょうをふり、小麦粉を全体に薄くつける。

2　フライパンにオリーブオイルを入れて中火にかけ、肉の皮目から焼く。ふたをして表面を4分、裏面を3分焼いたら火を止め、そのまま余熱で5分おく。

3　2の焼きあがりの肉を食べやすく切り分け、器に盛り、好みの野菜を添える。

決め手はふた使い。ぴっちり閉まるふたをかぶせて調理。余熱でふっくら蒸し焼きに。

！チキンが余ったときは、サンドイッチやサラダに使い回して！

アクアパッツァ

あるとき魚屋さんでおすすめされたウオゼ（エボダイ）。海が遠い京都市中では、なじみのないお魚で、食べ方を聞くと「ホイル焼きが一番！」とのお答え。それ、おいしそうと買ってみたものの、1人分ずつホイル焼きにするのはちょっと面倒……。そこで、いっぺんにフライパンで蒸し焼きにしてみたら、あらまぁ、手間が省けた上に、ごちそう感まで漂っています。食卓に出すと「めっちゃおいしい〜」とみんな感激の面持ち。〝面倒〟はおいしい工夫のスイッチにすべしと、心得ました！

材料（4人分）　25 min

白身の魚（ウオゼ、鯛など25㎝くらいのもの）…2尾
トマト…1個
しめじ…1パック
小かぶ…1個
にんにく（スライス）…小さめ1かけ分
A〔白ワイン…大さじ2　オリーブオイル…大さじ2　塩…小さじ$\frac{1}{2}$〕
バジル…適宜

1 魚は内臓とうろこを除いて洗い、水気をふく。身の両面に切り目を入れ、塩・こしょう（分量外）をふる。

2 フライパンにクッキングシートを敷き、1の魚を真ん中におく。くし形切りにしたトマト、小房にほぐしたしめじ、皮をむいて8等分にした小かぶ、にんにくをのせる。

3 2にAと、あればバジルの葉をあしらい、ふたをして中火で12〜15分、蒸し煮にする。

主菜の魚も副菜の野菜もフライパンひとつで完結。片づけも楽ちんです。

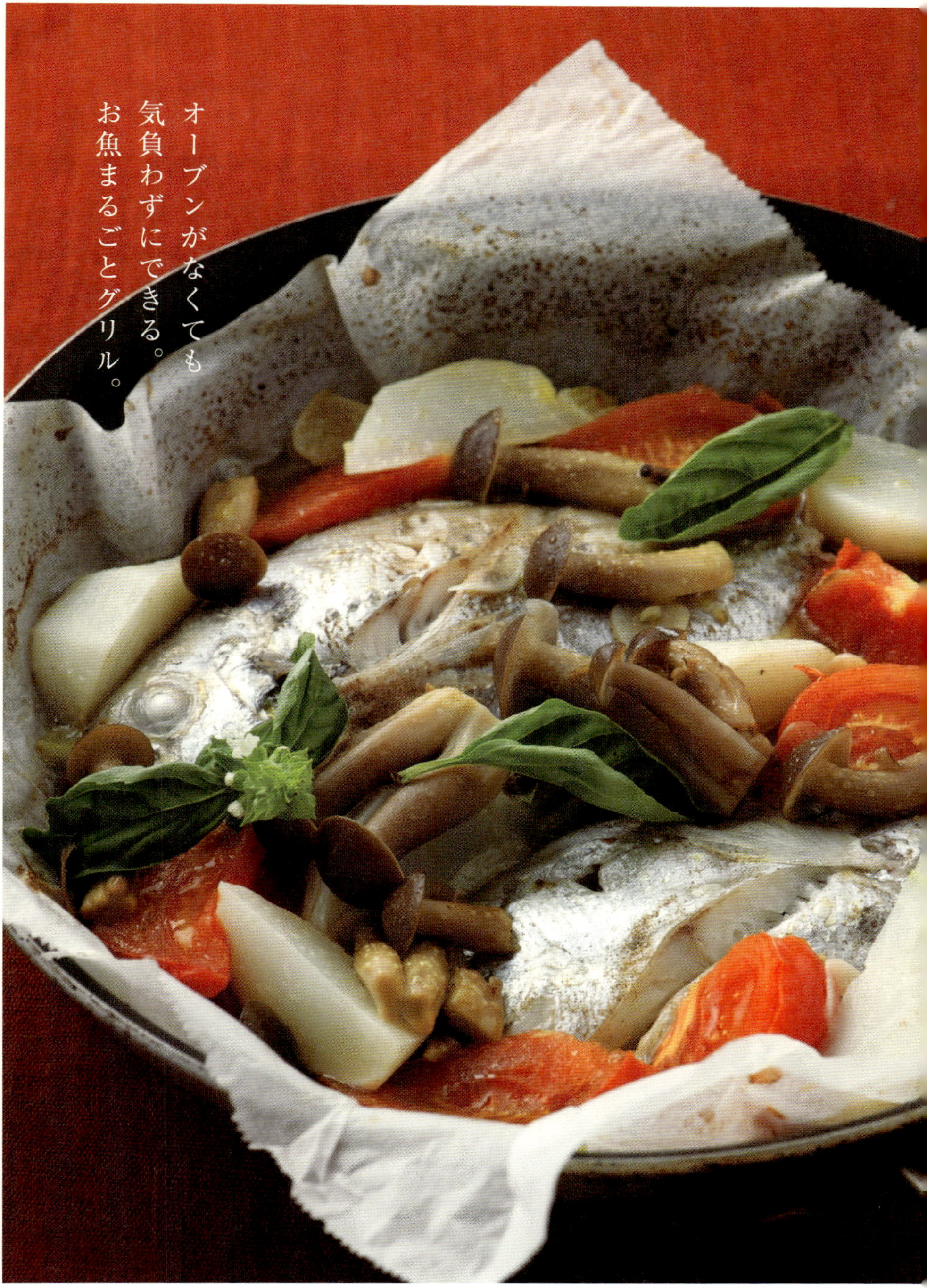

オーブンがなくても
気負わずにできる。
お魚まるごとグリル。

！野菜は季節のものをアレンジしてください。

鯛のアラ炊き

お魚のアラに目がない私。とろけるゼラチンのところなんか、たまりません。このアラ炊きのこつは、酒で煮あげること。魚の煮つけ方は、素材に合わせて。「小鯛の煮つけ」（33ページ）のような、あっさり系の白身の場合は、水とみりんを加えた煮汁たっぷりで味をつけます。脂多めの鯛のアラは、素材自体のうまみが濃いから、酒でさっと煮て、甘辛い味がつけばOKなんです。

そして味つけ以前に、鮮度が大事。天然鯛の新鮮なアラが一番で、魚屋さんで「天然あるよ」の声がかかれば、即買いです！

材料（作りやすい分量）30min

鯛のアラ（新鮮なもの）…1尾分（500g）
ごぼう…1/2本
しょうが（薄切り）…10g
A〔酒…100cc　砂糖・濃口しょうゆ…各大さじ3〕
木の芽…適宜

1　鯛のアラにべったりと塩（分量外）をまぶしつけて10分おき、熱湯をかけて塩を流す。流水でうろこや血合いを除いて洗い、水気をふきとる。

2　鍋でAを煮立て、しょうが、たわしで洗った皮つきのまま長さ4cmに切ったごぼう、1の鯛を入れる。落としぶたをして煮汁が回るように、中火で15分くらいで煮あげる。

3　2を器に盛りつけ、好みで木の芽を散らす。

※煮汁が煮立ってから鍋にアラを入れることが大事。ぬるい煮汁だと、アラのうまみも臭みも汁に出ます。

おいしさに差が出る大事な下処理。鯛が白くなるくらい塩を塗りつけ、脂を落とします。

水を入れずお酒で煮あげて。
こってりアラのうまさ堪能。

！魚の身をほぐして煮汁にからめ、白いご飯といっしょに食べると絶品！

鮭の南蛮漬け

すっぱいものが大好きで、献立にちょこっとお酢の利いたものがあるとうれしくなる私。さらに、うちは母も娘も、女性陣はみんな梅干が大好物。食卓にはしょうゆ差しの器に梅酢を入れて常備しているほど、女三代すっぱいもの好きなんです。これもやっぱり遺伝なんでしょうか？　といっても、この南蛮漬けの甘酢は、すっぱい度レベルはかなり低めです。お酢が苦手な方々も、どうぞご安心あれ。わが家の男性陣はそのまま、私と娘はさらに梅酢をかけて食べています。

材料（3〜4人分）　40 min

生鮭（切り身）…2切れ（200g）
ねぎ（白い部分）…2本分
片栗粉・揚げ油…各適量
甘酢だれ〔だし…80cc　砂糖・米酢・薄口しょうゆ…各大さじ1½〕

1　〔甘酢だれ〕を合わせる。ねぎは斜め薄切りにし、フライパンに油（分量外）をひき、サッと中火で炒める。

2　生鮭は皮と骨、背の真ん中にある小骨も除き、食べやすい大きさに切る。塩・こしょう（分量外）をふり、片栗粉を薄くはたいて180度の油でカラッと揚げる。

3　2の揚げたての鮭を、1の炒めたねぎとともに〔甘酢だれ〕に漬けて、30分以上おいたら完成。
※ねぎは生でもよいのですが、軽く炒めるとやさしい味に仕上がります。

鮭とねぎは別々に火を通してから、たれに漬けます。鮭はカチカチに揚げすぎないこと。

揚げた鮭は熱いうちに甘酢だれに漬けた方が味がしみこみやすい。保存容器に漬け、冷蔵庫で夏は3日、冬は5日ほどの日持ち。

おだしで割った
マイルドな甘酢だれ。
ねぎたっぷりで風味よく。

！鮭以外に、アジ、サワラ、タラ、鯖などでも。ねぎ以外の野菜では、玉ねぎを漬けてもおいしい。

さくさくカツレツ

結婚前に旅したイタリアのミラノで、コトレッタ・アッラ・ミラネーゼという薄いカツレツに遭遇。これ、どこからどう見ても日本の〝わらじカツ〟なのですが、揚げたてにレモンを絞る食べ方にいたく感激。甘いとんかつソースもよいけど、ワインには断然こっち。

ミラノのカツにならい、
柑橘と塩で召しあがれ。

材料（2人分）20min

豚ロース肉（厚さ約1cm）…2枚
パン粉・サラダ油…各適量
卵…1個
塩・柚やレモンなどの柑橘…各適量

1 パン粉はフードプロセッサーなどで細かくする。豚ロース肉は余分な脂を切り落とし、①パン粉②溶き卵③パン粉の順で衣をつける。

2 フライパンにサラダ油を1cmほど入れて熱し、1の豚肉を両面色よく揚げ焼きにする。焼きあがったら両面をキッチンペーパーで軽く押さえて油をきり、塩をふる。

3 2のカツレツを切り分けて器に盛り、柚やレモンなど好みの柑橘を添える。

1

パン粉→卵→パン粉と衣つけの簡単さも好評。さらに2回衣づけをすると、がっつり好みの揚げものに。

！肉に下味をつけず、後から塩をふるのがこの料理のおいしさ。

ポークハンバーグ

これは次男の大好物。ふつうは牛豚の合いびきミンチですが、豚ミンチだけの方があっさりした感じに。ポイントは焼き加減。肉汁でパンパンに膨れ、弾力が出たらOK。焼きチェックで竹串を何度も刺すと、うまみの肉汁が流れ出てしまうから、目と鼻で見極めを。

お肉ふっくら、玉ねぎシャキシャキ。
満腹でも重たくなりません。

材料（4人分）　30min

豚ひき肉…400g　玉ねぎ…1個　卵…1個　ナツメグ…少々　サラダ油…適量　A〔パン粉…1カップ　ヨーグルト・牛乳…各大さじ$2\frac{1}{2}$　塩・おろしにんにく…各小さじ$\frac{1}{2}$〕　ハンバーグソース〔とんかつソース・ケチャップ・デミグラスソース…全て同量を混ぜる〕

1　ボウルにAを入れてよく混ぜる。

2　1に粗みじんに切った玉ねぎ、豚ひき肉、卵、ナツメグを入れて、手で全体を混ぜ合わせる。四等分にし、空気を抜きながら形よく丸める。

3　フライパンにサラダ油を熱し、2の表面にだけ焼き色をつけたら、クッキングシートを敷いたオーブンの天板に移し、220度で13分焼く（オーブントースターなら1200Wで10分焼く）。

4　3に〔ハンバーグソース〕をかける。

1

中がふわっとしたハンバーグにしたいので豚肉をやわらかくするヨーグルトをプラス。玉ねぎは炒めずに生のままで食感よく。

！〔ハンバーグソース〕はとろみが強ければ水を足して。オムレツやチキンソテーにも使えます。

筑前煮

東京でひとり暮らしをはじめたばかりの姪っ子。何を食べてるのかしらと、姉が心配して訪ねたところ、冷蔵庫の中に大きなタッパーに入った筑前煮があって、それがなかなかのお味だったそう。やっぱり食べてきたものって、伝わっていくんですね。忙しくとも買ったおかずばかりでなく、効率よく作ってちゃんと食べる。当たり前のことを当たり前にして、きちんと「自養」する大切さは、年齢に関係ないことです。そんな食べることの基本を、姪っ子の筑前煮が教えてくれました。

材料（作りやすい分量） 45min

鶏もも肉…1枚（250g）　大根（中）…1/3本　にんじん…1/2本　蓮根（小）…ひと節　ごぼう…1本　こんにゃく…1/2枚　干ししいたけ…3枚　絹さや…10枚　だし…3カップ

A〔酒・みりん・薄口しょうゆ…各大さじ3〕

1 干ししいたけは水で戻しておく。大根とにんじんは皮をむいて乱切りに、ごぼうは洗って皮つきのまま斜め切りにする。蓮根は皮をむいて半分に切って厚さ1cmに切る。こんにゃくは野菜と同じくらいの大きさに切ってゆでておく。

2 鍋に1の材料と、だしを入れ、中火にかける。アクを取りながら、ふたをして具材に火を通す。野菜がやわらかくなったら、Aと、ひと口大に切った鶏もも肉を入れ、ふたを半分かけて煮る。

3 肉に火が通ったらふたをはずし、時々鍋をゆすり、煮汁が1/3くらいになって、とろっと全体がなじむまで煮る。仕上げに筋を取ってゆでた絹さやをあしらう。

※余った筑前煮は煮汁ごと保存容器に移して冷蔵庫で保存。さらに味がなじんでおいしさが増します。

煮る順番がポイント。鶏肉は野菜をやわらかく煮て調味した後、最後に煮ます。煮すぎると肉がかたくなるので注意して。

体がよろこぶ和のおかず。
ていねいに作って、伝えていきたい。

高野豆腐と野菜の炊き合わせ

高野豆腐のやさしいお味。でも、おだしの味つけはなかなか難しいですね。このときばかりは、私も必ず調味料を量って作ります。料理には、自由な中にも味の決めごとを守るべきところもあるんです。調味料が多く、仕上がりの味が想像しにくいものは、「量る」が鉄則。逆に「量るだけ」で、毎回味が決まって、ちゃんとおいしく作ることができるから苦労はありません。

きれいな澄んだ味に仕上げるために、しいたけと野菜は個別に煮た方が、確実に上手にできます。

材料（3〜4人分） 45min

高野豆腐…4枚　A〔だし…3カップ　砂糖…大さじ3　みりん…大さじ2　薄口しょうゆ…大さじ1　塩…ふたつまみ〕

干ししいたけ…4枚　B〔しいたけの戻し汁…80cc　酒…大さじ1　砂糖…大さじ2〕　濃口しょうゆ…大さじ1

さつまいも（小）…1個　にんじん…5cm分　いんげん豆（三度豆）…8本　だし…1カップ　薄口しょうゆ…小さじ2

1　高野豆腐を煮る。鍋にAを入れて中火にかけ、煮立ったら高野豆腐を入れる。ふたを半分ずらして10〜15分、煮汁がほぼなくなるまで煮詰める。

2　しいたけを煮る。しいたけはひと晩かけて水で戻し、軸を取って小鍋に入れ、Bを加えて弱火にかける。煮立ったら10分煮て濃口しょうゆを入れてさらに10分、煮汁がほぼなくなるまで煮詰める。

3　野菜を煮る。さつまいもは皮をむき厚さ1cmの輪切りにして面取りし、にんじんは厚さ7mmに切り、いんげん豆は半分に切る。鍋に切った野菜、だしを入れて弱火にかけ、火が通ったら薄口しょうゆを入れて、ひと煮立ちさせる。そのまま冷まして味をふくませる。

4　1の高野豆腐煮を4等分に切って、2のしいたけ煮、3の野菜煮を、器に彩りよく盛りつける。

高野豆腐をおいしく炊くこつは2つ。分量をきっちり量って味つけすること、汁がほぼなくなるまで煮詰めること。

おいしいから、
手間を惜しまず作れます。
大鉢に盛ればごちそうに。

! 高野豆腐は戻さずに使えるものがほとんどですが、水で戻すタイプのものは戻した後に煮ましょう。

モンゴリアンビーフ

若い頃、アメリカにホームステイに行ったときに、よく食べていた中華メニューがこれ。アメリカではどこにでもある料理ですが、日本では見かけないので思い出の味をたぐって自作。お肉の下味以外はオイスターソースだけ。ふしぎとご飯によく合います。

どこか懐かしい味の、アメリカ中華。

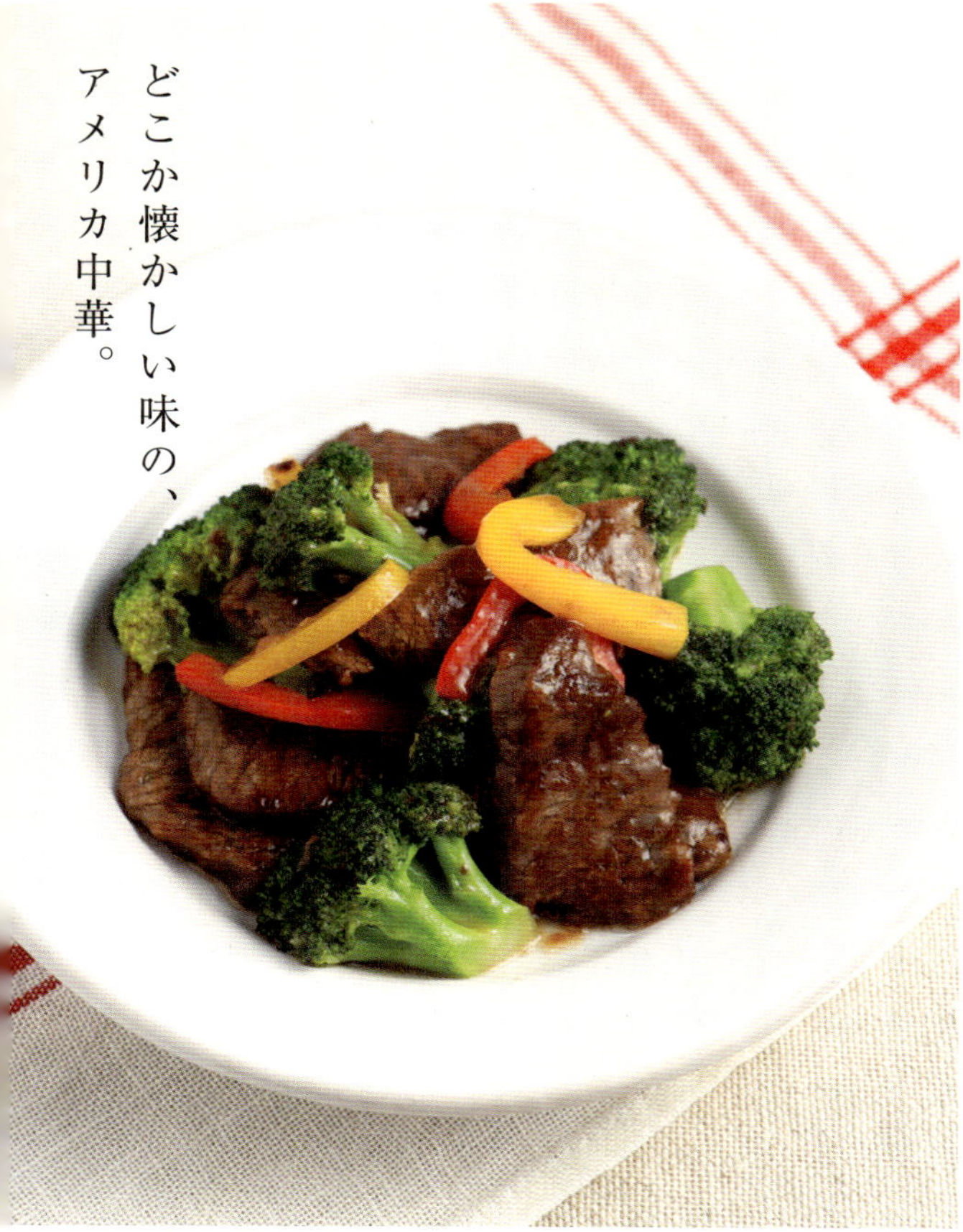

材料（2人分）　15 min

牛もも肉（焼き肉用）…150g　下味〔水・片栗粉…各大さじ1　ごま油…小さじ$\frac{1}{2}$　濃口しょうゆ…大さじ$\frac{1}{2}$　おろしにんにく・こしょう…各少々〕
ブロッコリー…$\frac{1}{2}$株　パプリカ（赤、黄どちらでも）…$\frac{1}{8}$個　ごま油…大さじ1　オイスターソース…大さじ1

1　ボウルに〔下味〕を合わせ、牛もも肉にもみこむ。ブロッコリーはゆでて小房に切り分け、パプリカは1cm幅に切る。

2　フライパンにごま油を熱する。1の肉を広げながら両面を中火でカリッと焼き、取り出す。

3　2の肉を焼いた後のフライパンで、ブロッコリーとパプリカを炒める。野菜に火が通ったら牛肉を戻し、オイスターソースを入れて全体にからめる。

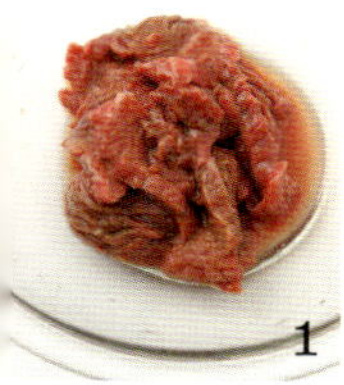

1

下味の水がポイント。赤身の肉は水をもみこむとやわらかくなります。

焼き肉

わが家はアウトドア好き。でもBBQよりは焼き肉派。やっぱりご飯がもりもり食べられるオカズが好きなんです。わが家は街中にありますが、焼き肉の日は小さな庭や屋上でジュージュー焼きまくり。外の空気がお肉をおいしくしてくれる、スパイスのひとつかも。

にんにく風味の焼き肉だれは、魔法のたれ。

材料（2人分）　10min

牛肉（焼き肉用）…200g　焼き肉だれ〔砂糖・濃口しょうゆ…各大さじ2　ごま油…大さじ1　おろしにんにく…小さじ1〕

1　ボウルに〔焼き肉だれ〕を合わせ、牛肉をもみこむ。

2　ごま油（分量外）をフライパンで熱し、1の牛肉を入れ、両面をカリッと焼く。器に盛り、好みでサンチュやあさつきなど緑の野菜をあしらう。

※サンチュに焼き肉とご飯を包み込んで食べても。

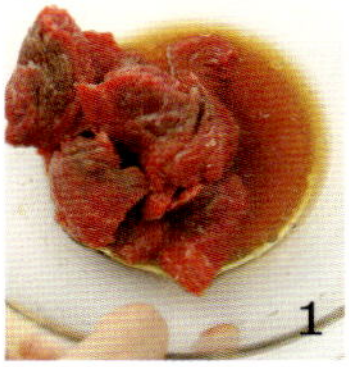

下味に漬けこみ、手でもみこんで。肉にしっかり味をからませます。

！〔焼き肉だれ〕は、手羽先にからめてグリルで焼いてもおいしい。

豆腐なます

私はおしゃれなレストランの料理より郷土料理の方が好き。土地に根づいた料理上手なお母さんのご飯ほど、おいしいものはありません。だから料理教室に行く先々で、生徒さんから家庭料理のお話を聞くのが楽しみ。これは丹波篠山の母の味。自信作です。

材料（3～4人分）20 min
大根…120g　にんじん…20g　絹さや…8～10枚
木綿豆腐…1/3丁（100g）
A〔濃口しょうゆ…小さじ1　米酢・砂糖・練りごま（白）…各大さじ1　すりごま…大さじ2〕

1　大根、にんじんは長さ4㎝のせん切りにし、塩小さじ1/4（分量外）をもみこんで5分ほどおく。

2　木綿豆腐をボウルに入れてつぶし、Aを加え泡立て器でよく混ぜる。

3　1の水気をしっかり絞って2に加え、筋を取り、ゆでてせん切りにした絹さやを入れてあえる。

豆腐はマッシャーを使ってつぶすと、なめらかに仕上がります。

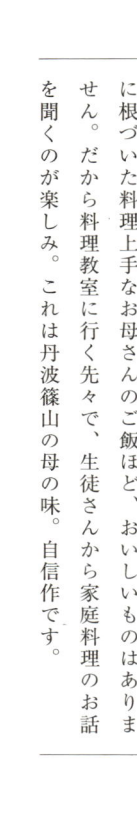

小鯛の煮つけ

ハードルが高そうな一尾の煮つけ。じつは楽ちん料理です。最近の魚の多くは下処理済みで手間もかかりません。魚のうまみでだしもいらず、丸ごと食べて始末よく。切り身も同じ煮方でいいのですが、姿で煮ると料理の腕があがったみたいに見えますよ。

材料（3〜4人分）　20 min

小鯛（連子鯛、20cmくらいのもの）…2尾

しょうが（薄切り）…5g

A［水・みりん…各100cc　濃口しょうゆ…80cc　砂糖・酒…各大さじ2］

ピーマン（せん切り）…適量

1 小鯛は内臓とうろこを除いて洗い、水気をふく。身の両面に包丁で切り目を入れる。

2 フライパンにAを入れ煮立て、しょうがを入れ、1の小鯛を盛りつけで表になる側を上におく。落としぶたをして中火で10分煮る。

3 仕上がり直前にピーマンを入れ、火を通す。器に小鯛を盛りつけ、ピーマンを添える。

※煮たらすぐに食べて。長くおくとしょうゆ辛くなります。

魚のサイズに合ったフライパンを選んで。火はずっと中火。吹きこぼれそうなら少し弱めますが、つねに煮汁が上まで回ってるように。

！メバル、イトヨリ、カレイなど、白身の魚なら姿でも切り身でも同じ煮方でOK。煮汁で豆腐やねぎを炊いても。

ほくほく肉じゃが

肉じゃがは、おうちによってタイプがさまざま。私の肉じゃが史にも、だし汁たっぷりで煮込む肉じゃがを作っていた時代がありましたが、今は水もおだしも入れない、汁なしタイプで決まり。
なんでもこんなふうに汁なしで煮る肉じゃがの発祥は、京都の舞鶴だとか？　真偽のほどはわかりませんが、この舞鶴式肉じゃがは、甘辛く粉ふきいものようにほっくりとじゃがいもが煮あがって、気に入ってます。ただしこれは、メークィンで。男爵はおいしいけれど、やっぱり煮くずれます。

材料（4人分）30min
じゃがいも（メークィン）…3個　牛こま切れ肉…100g　玉ねぎ（小）…2個　にんじん…$\frac{1}{3}$本
サラダ油…大さじ1　砂糖…大さじ$2\frac{1}{2}$
濃口しょうゆ…大さじ$3\frac{1}{2}$　冷凍グリーンピース…50g

1　牛こま切れ肉は3cmくらいに切り、野菜は皮をむき、玉ねぎは1cm幅の半月切りに、じゃがいもは6等分に、にんじんは乱切りにする。

2　サラダ油を入れた鍋を中火にかけ、温まったら1の牛肉を入れ、すぐに砂糖、濃口しょうゆを加え、肉にからめる。肉の色が変わってきたら玉ねぎを入れる。ひと混ぜしてふたをし、強めの弱火にして7分ほど、時々混ぜながら煮る。

3　玉ねぎがしんなりしたらじゃがいも、にんじんを加える。時々ふたを開けて混ぜながら様子をみて、じゃがいもがやわらかくなるまで火を通す。仕上がり直前に冷凍グリーンピースを入れる。（えんどう豆の時季にはぜひフレッシュなものをゆでて！）
※焦げつきそうになったら少し酒を足し、なるべく水気を少なく、ころっと炊いて。

牛こま切れ肉を砂糖としょうゆで炒めて。だしなし水なしで、野菜の水分だけで煮ましょう。

甘辛い牛肉に、
じゃがいもほくほく。
煮加減が絶品なのです！

タラコこんにゃく

タラコこんにゃくのヒントは、あるとんかつ屋さんのお惣菜。糸こんにゃくのカリカリとタラコの塩梅がすばらしくって。1時間近く煎ると聞きましたが、ものぐさな私は、ギリギリまで手間を抜きつつ、おいしさを追求。もう20年作り続けているレシピです。

材料（作りやすい分量） 20 min

タラコ…1/4腹（20g）
糸こんにゃく…1袋（200g）
ごま油…大さじ1
酒…大さじ1
薄口しょうゆ…小さじ2
実山椒…大さじ1

1 糸こんにゃくはさっとゆでて食べやすい長さに切り、水気をしっかりきっておく。タラコは薄皮を除く。

2 鍋にごま油を入れて熱し、糸こんにゃくを入れ、煎りつける。水気がなくなったら酒と薄口しょうゆ、タラコ、実山椒を入れる。タラコが白くなるまで、ほぐしながら炒める。

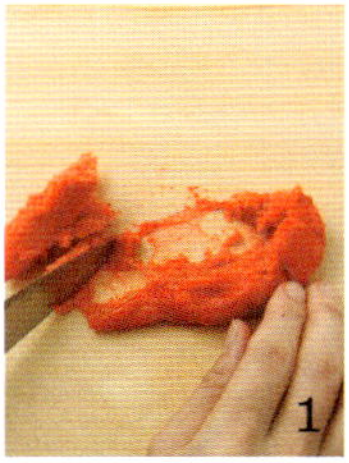

タラコは薄皮をきれいに除き、包丁でしごいて身を出しておく。

アボカドの春巻き

美容食材として大人気のアボカドは、ひと昔前は高級品。当時、熱帯フルーツにはまっていた父が買ってくると、少量を大切に、お刺身のようにしょうゆで食べるのが楽しみでした。今わが家のアボカドレシピの定番はこの春巻き。やっぱりしょうゆでいただきます。

材料（4個分） 10min

アボカド…1個
生春巻きの皮…4枚
豚バラ肉（薄切り）…2枚
レタス…1枚
からし・米酢・濃口しょうゆ…各適量

1 生春巻きの皮は1枚ずつさっと水にくぐらせてキッチンペーパーにはさみ、しんなりさせておく。

2 豚バラ肉はしっかりゆでて水気をきって、半分に切る。レタスはせん切り、アボカドはタテに薄切りにする。

3 1の皮で2の具材を巻く。からし酢じょうゆを添えて。

ねっとりしたアボカドがレタスの食感とゆで豚のうまみのつなぎ役になっています。

！ 野菜はベビーリーフ、ルッコラや水菜、タンパク質はエビ、牛肉、鶏ささみ、はんぺんと応用して。

ブロッコリーのくたくた煮

家庭菜園をしていると、野菜のありがたみをしみじみ感じます。ブロッコリーなんて、売られてるのはごくごく一部分。畑で育っているものは、葉っぱが直径70cm〜1mもあり、その大きな葉っぱを、大人の手首くらいの太い茎が支えています。その全姿を見ると、あの見知ったブロッコリーがぶっとい茎の真ん中にちょこんとのっているんですよ。畑で育ってきた大きな姿を思うと、お店で買ったブロッコリーの茎も、葉っぱも全部おいしく食べてあげたい！　と母心がわいてきます。そこで野菜のいのちを丸ごと生かしたレシピの出番。滋味たっぷりです。

材料（3〜4人分）　15 min

ブロッコリー…1株
EXバージンオリーブオイル…大さじ1
にんにく（薄切り）…1かけ分
鷹の爪（種を取り輪切り）…1本分
塩…小さじ1/2

1　ブロッコリーは小房に分け、軸はかたい部分をむいて乱切りにする。鍋1/3分くらいの水にブロッコリーを入れ、ふたをして蒸し煮にする。

2　ブロッコリーに火が通ったら水分をあらかた捨て、オリーブオイル、にんにく、鷹の爪、塩を加える。混ぜながら、しんなりするまで中火で2分くらい煮る。

2

仕上げにオリーブオイルをかけてくったり煮る。シンプルな調理法なので必ず味みをして、最後の塩加減で好みにととのえて。

オイル蒸し煮で、葉っぱも茎も。
野菜想いの一品です。

！オリーブオイルのくたくた煮は、他にカリフラワーやアスパラ、えんどう豆で作っても。

「出来たて」を逃さずに

料理中の私の動きはテンポよく（そのぶんザツですが）、その姿を知る人たちが冗談めかして、〝段取りの女王〟と呼んでくれます。「料理はタイミングが命」が私の持論。おいしさを逃しては損！　と思って調理の手が早まるのです。

私の中の一番おいしいタイミングは、採れたて、焼きたて、揚げたて、炊きたて。つまり「出来たて」です。私が段取りで目指しているのは、その日の料理の「出来たて」ラインを、食卓で一直線に揃えることなんです。

たとえばうちの献立では、ご飯の炊きあがりの時間に照準を合わせ、他の料理の仕上がりを逆算します。まず一番時間のかかる料理から、野菜を切ったりたれを作ったりと、下ごしらえ。そして煮ものなど、冷める間に味がしみるものを早目に作っておきます。焼きたて揚げたてがおいしいおかずは、味が変わらないところまで半調理。器を用意し、食卓にお箸まで準備してから、最後の仕上げをします。

何となく調理にかからずに、先に段取りを考えて（慣れない方は書き出して）、動いてみる。それだけで台所の流れがスムーズになってくるんですよ。

家族の食事がバラバラな日は、それぞれのお腹のタイミングに合わせてあげたい。だから常備菜を作るときは、一回で家族分の倍量（4人家族だったら8人分）をこしらえ、余り野菜も下ごしらえして、おかずの素を貯めておきます。どれも「ついで」気分でやるので、全く苦になりません。副菜が数品あれば、あとは魚か肉を焼いたら十分。「お腹へったー」の声がしたら、サッと「出来たて」を並べましょう。

じゃがいもや蓮根などの根菜は水にひたしておくと鮮度よく、1週間ほど保存できます。

〈納豆汁／2人分〉
納豆1パックを包丁で細かく叩く。油揚げは細切り、ねぎは斜め切り。鍋にだし汁適量を煮立て油揚げを入れてひと煮立ちしたら、みそ大さじ2を溶き、沸騰直前に納豆とねぎを入れ、すぐ火を止める。

2章

体で覚える
基本のたれ定番

いちいち料理の本をめくらずに、
迷いなく味つけができる「定番たれ」があると
毎日のご飯作りがうんとラクになります。
私のお気に入りは、
しょうゆ&みりんベースの〔最強たれ〕と〔韓流だれ〕。
どちらも体で覚えられるくらい簡単な配合で、
シンプルにおいしい味です。
展開レシピを参考に、どんどんアレンジしてくださいね。

最強たれ

私はみりんをよく使います。お砂糖よりも甘味がやさしくうまみが多いので、加減よく仕上がるからです。私がいつも使う割合は、みりん２：薄口しょうゆ１の〔最強たれ〕。まず最初は量って、手加減と味加減を覚えて。料理全般に重宝する永遠の定番です。

材料と使い方

1 煮もの、焼きもの、炒めものなどに、最強たれ〔みりん２：薄口しょうゆ１〕で味つけする。

※ときに、仕上げに〔トッピング〕の山椒、一味唐辛子、柚などをちょっと足すと、季節感が出たり香味が増したり、シンプルな味がぐっと個性的になります。

※〔最強たれ〕を使ったレシピ↓44～47ページ

〔最強たれ〕トッピング（手前の小皿から時計回り）
実山椒　粉山椒　一味唐辛子　柚

韓流だれ

〔韓流だれ〕は、最強たれのアレンジ版。にんにくや唐辛子などパンチの強い調味料と合わせるので、みりんとしょうゆの割合は1：1の同割。濃口しょうゆは薄口しょうゆに比べて甘いので、同割のときは濃口にした方が口あたりがやわらかくなります。

材料と作り方

みりん（煮切る）…100cc
濃口しょうゆ…100cc
A〔おろしにんにく・粉唐辛子…各少々
ニラ（小口切り）…2～3本分　半ずりごま…大さじ1　ごま油…大さじ$\frac{1}{2}$〕

1　みりんを煮切った小鍋に、濃口しょうゆとAを入れて混ぜ合わせる。

※時間がたつと味がなじんできます。冷蔵庫で1週間くらいがおいしい保存期間。

※〔韓流だれ〕を使ったレシピ→48～51ページ

〔韓流だれ〕の調味料（手前の小皿から時計回り）
おろしにんにく　粉唐辛子　半ずりごま　ごま油　ニラの小口切り

合わせ調味料やかけだれとしても万能。瓶に移して冷蔵保存し、使う前にはよくふって。

豆腐ステーキ

豆腐は扱いづらくても絹ごしの方が口あたりがなめらかになります。粉をつけたらすぐにカリッと焼く。たれをかけたら一気に煮詰める。ちょっとしたこつが、おいしさを引き出します。最初は焼いてる途中で崩してしまいがちですが、作れば作るほど上手になります。

とろっと、あつあつ。
やさしいステーキです。

材料（2人分）　10 min

絹ごし豆腐…$\frac{1}{2}$丁
小麦粉…適量
ごま油…大さじ1
最強たれ〔みりん…大さじ3　薄口しょうゆ…大さじ$1\frac{1}{2}$〕

1　豆腐は1㎝幅に切りキッチンペーパーにのせ、水気をきっておく。

2　フライパンにごま油を熱し、1の豆腐に小麦粉を薄くつけ、中火で両面色よく焼く。

3　2の豆腐に〔最強たれ〕を回しかけ、時々上下を返して煮詰めていく。

〔最強たれ〕は、みりん→しょうゆの順で味つけ。

手加減で分量を覚えたら、ぐんと作りやすくなります。

牡蠣の甘辛焼き

こちらも豆腐と同じく、水気をとる、すぐ焼く、煮詰める、が大事なところ。お味は秀逸。だってオイスターソースそのもののコク味ですからね。ご飯にちょこんとのっけてかきご飯にしてもおいしい。もちろん、酒党の晩酌にも出番が多いんですよ。

材料（2人分）　10 min

牡蠣（むき身）…10粒
片栗粉…適量
オリーブオイル…適量
最強たれ〔みりん…大さじ2　薄口しょうゆ…大さじ1〕
粉山椒・木の芽…適宜

1　牡蠣はよく洗ってキッチンペーパーで水気をとり、片栗粉を薄くはたく。フライパンにオリーブオイルを熱し、中火で両面こんがりと焼く。

2　牡蠣にあらかた火が通ったら〔最強たれ〕を入れ、牡蠣にからめながらたれを煮詰めていく。器に盛り、あれば粉山椒か、木の芽を添える。

※粉類はつけながらリズムよく焼くと軽やかに仕上がります。

ダマになるので粉は薄くつけて。ぼってりとしてしまうときは、水気のふきとりが不十分か粉のつけすぎです。

！たれをからめるときは片栗粉、あっさり仕上げるときは小麦粉と使い分けてます。

豚のしょうが焼き

しょうが焼きって、たれにつけて焼くものと思っている方が多いようですが、たれにつけるとお肉がかたくなってしまいがち。片栗粉をつけて、焼いてからたれをからめると、とろっとしたおいしい食感に。〔最強たれ〕を基本の味に、しょうがの量はお好みで。

〔最強たれ〕＋しょうが。
味つけにブレなし。

材料（2人分）15min

豚ロース肉（しょうが焼き用）…6枚
片栗粉…適量
サラダ油…適量
おろししょうが…小さじ1
最強たれ〔みりん…大さじ4　薄口しょうゆ…大さじ2〕
せん切りキャベツ…適量
ピーマン…適宜

1 豚ロース肉に塩・こしょう（分量外）をふり、片栗粉を薄くはたき、サラダ油をひいたフライパンで中火で両面を焼く。

2 1の豚肉に火が通ったら、おろししょうがを入れ、〔最強たれ〕を入れてからめて焼きあげる。好みで4等分に切ったピーマンを一緒に焼く。

3 皿にせん切りキャベツをたっぷりとのせ、2の豚のしょうが焼きを盛り、あれば焼きピーマンを添える。

鶏と野菜の照り焼き

これも〔最強たれ〕のおかげで、ぱぱっとできるお手軽メニュー。切った材料をフライパンに並べて〔最強たれ〕で焼くだけ。野菜も一気に調理できるので、忙しい日のメインディッシュにもいいし、急なお客さまがあってもこんなおかずを出すと大喜びされます。

鶏のおだしがからみ
うんと深い味に。

材料（2人分）　15 min

鶏もも肉…100g
蓮根…3㎝分
玉ねぎ…1個
オリーブオイル…大さじ1
最強たれ〔みりん…大さじ3　薄口しょうゆ…大さじ1$\frac{1}{2}$〕

1　鶏もも肉はひと口大に切り、塩少々（分量外）で下味をつける。蓮根と玉ねぎは皮をむいて、1㎝幅の輪切りにする。

2　中火にかけたフライパンにオリーブオイルをひき、1の鶏肉と野菜を重ならないように並べる。ふたをして中まで火が通るように中火で両面焼き、焼けたら〔最強たれ〕を回し入れ、上下を返しながら汁気がなくなるまで煮詰めていく。

タラのしょうゆ焼き

あっさりした生タラには、魚の臭みを抜く下処理をぜひ。塩・こしょうをして少しおくと、身がしまり余分な水分が抜けます。出てきた水分は魚臭いのでペーパーでふきとること。買ってきた次の日に使うなら、皮も取ると臭みが気にならず、ぐっとおいしくなります。

材料（2人分）10 min

- 生タラ（切り身）…2切れ
- 小麦粉…適量
- シシトウ…4本
- オリーブオイル…大さじ1
- 韓流だれ…適量

1 タラに塩・こしょう少々（分量外）をふり、10分ほどおいてキッチンペーパーで水気をとってから、小麦粉を薄くつける。

2 フライパンにオリーブオイルを熱し、1のタラの両面をこんがりと中火で焼き、シシトウも一緒に火を通す。

3 皿に盛りつけ、〔韓流だれ〕をかける。

焼きたてのふわっとしたタラの焼き身に、こっくりした〔韓流だれ〕のソースをひとさじ。味がよくしみます。

韓流マーボー豆腐

具は豆腐、ニラのみ。そこに〔韓流だれ〕が入るだけ。肉なし、他の調味料なし。ほんとにそれだけ？ とびっくりするくらいシンプルですが、むしろすっきりして、いくら食べても飽きないおいしさ。こっそりダイエットにもオススメです。

材料（2人分） 15 min

絹ごし豆腐…$\frac{1}{2}$丁
ニラ…$\frac{1}{2}$束
ごま油…大さじ1
韓流だれ…大さじ3

1 絹ごし豆腐はキッチンペーパーに包んで5分ほどおき、水気をきって1.5㎝角に切る。ニラは長さ2㎝に切る。

2 フライパンにごま油を入れて中火にかけ、1の豆腐とニラを一度にざっと混ぜて炒め、油が回ったら〔韓流だれ〕を加える。汁気が出てきたら、煮詰まるまでさらに5分ほど煮る。

ワカメ炒め

お酒の肴のようでいて、常備菜にもいいし、お弁当のすき間埋めにも活躍してくれます。もう一品欲しいなあという日に、ちゃちゃっと作れて、炊きたての白いご飯に供したら、ペロリ。あんまりご飯に合いすぎて、つい食べすぎちゃうという困った話もあるんです。

材料（2人分） 5 min

塩ワカメ…20g
水・韓流だれ…各大さじ1
半ずりごま…大さじ1

1 塩ワカメは洗って1分ほど水につけてから、1cm幅に切る。

2 フライパンに水と〔韓流だれ〕を入れて火にかける。煮立ったら1のワカメを入れて、たれをからめながら、30秒ほど炒める。仕上げに半ずりごまをふる。

卵色の揚げ焼き。がぜん
〝ジョン〟したくなります。

ジョン

韓国の揚げ焼き〝ジョン〟は、どんな素材でもおいしくしてくれる魔法の調理法。弱火でゆっくり焼いて、写真のように卵の黄色さを残すと仕上がりがとってもきれい。ややむっちりした衣は、冷めてもおいしい優れものなのです。

材料（2人分）　20 min

かぼちゃ…1/10個　ズッキーニ…1/2本　にんじん…1/2本　蓮根…40g　九条ねぎ…2本　小麦粉・ごま油…各適量　溶き卵…2〜3個分　韓流だれ…適量

1 かぼちゃ、ズッキーニ、にんじん、蓮根は薄切りにする。ねぎは長いままサッとゆでて長さ5㎝に切り、4〜5本を正方形に並べ、楊枝でヨコから挿し留める（いかだのような感じ）。野菜それぞれに、小麦粉を薄くつけて溶き卵にくぐらせる。

2 ごま油をたっぷりめにひいたフライパンで、1の具材を焦がさないように弱火で両面焼いて火を通す。焼きあがりを天ぷらバットにとり（ベチャッとならないように）、油をきる。

3 〔韓流だれ〕をつけて食べる。

※目安になるよう、レシピに分量を書きましたが、具は台所にある野菜でOK。旬の野菜を〝ジョン〟してくださいね！

ふだんの家庭だしは「水だし」

実家がお料理屋だったので、毎朝厨房で調理長が真剣にだしを引いている姿を見て育ちました。最高級の昆布とかつお節を使って引いただしは、澄みきった美味。お腹に料理がおさまった翌朝、「昨日のおつゆ、おいしかったなあ」としみじみ思い返されるのが、「最高のだし」とされているのですから、だしは何とも奥深いです。

そんな「最高のだし」を習えば、さぞかし家庭料理がレベルアップするものと思いますよね？　私もいろいろ試してみました。結論からいうと、お料理屋さんの繊細で上品なおだしを、家庭のおかず作りに使ってみても、まずバランスが合わないのです。お料理屋さんの一皿一皿を味わう料理と違って、うちのおかずは、白いご飯といっしょに食べるもの。甘辛いもんやらこんがり焼いたもんやら、ちょっとパンチのある味がおいしかったりします。だから、雑味があって味わいの幅が広いだしの方が、バランスが取りやすいんですね。

それに主婦としては、朝1時間半かけてだしをとるなんて続きません。だしが際立つ料理は別として、ふだんの家庭だしを求め、私が行きついたのは「水だし」です。冷水ポットに、昆布は長いまま、かつお節は茶葉パックに詰めて、煮干しをポンポン入れ、お水を注いで冷蔵庫へ。一晩おくと、ゆっくりうまみが出て、朝には本日分のだしをばっちり確保。台所に「いつものだし」があれば、煮もの、和えもの、汁ものと、「うちの味」も安泰です。忙しい人も料理が苦手な人も、「水だし」生活なら無理なくできると、インスタントだしから続々脱出していますよ。

だしとり後の昆布は保存袋に入れて冷凍し、まとまった量になったら昆布煮にしても。

〈水だし/作りやすい分量〉
冷水ポットにだしの材料〔だし昆布5g、煮干し5g、かつお節（パックに詰め）10〜15g〕、水2ℓを注ぎ、冷蔵庫で一晩。翌朝だしの材料を除く（かつお節パックは絞る）。冷蔵庫で夏1日、冬3日持つ。

3章

忙しい日のお助け定番

忙しい日だって、おいしくって栄養バランスのいい
家庭料理を食べたい！
私を含め、健やかな食いしんぼうを応援するレシピを、
うちの定番から選びました。
鉄則は「ややこしいことはナシ！」。少ない素材で、
シンプルな味つけ。手を動かす時間は、パパッと15分足らず。
あと1、2品欲しいときのおかずや酒肴に。
多めに作れば翌日のお弁当にも活躍します。

シンプル料理ほど
盛りつけ勝負！

鯖とトマトのパン粉焼き

女の人って忙しいですよね。家事に子育て、仕事もしてキレイでいる努力もして。なにより、家族が健やかでいられるように、ご飯作りをがんばって。その忙しさが、楽しさでもあるなあと思えるのですが、毎日毎日のことですから、私も「はぁ〜」って、くすんだ気分で料理を始めそうなときがあります。でもね、どんなに高価でいい材料を使っても、ネガティブな「気」が入ると、ふしぎなほどおいしくならないもの。そんなときの打開策は、大好きな音楽を流したり、ちょっとお先にワインを飲んだりしながら、自分の楽しいスイッチをおして「気」をプラスの方向へ。そしてこんな日こそ「お助けレシピ」に頼ります。この鯖とトマトのパン粉焼きは、豪華にみえてお手軽。切って盛りつけて、オーブンへポン。ぷ〜んとおいしい香りがすると、もう機嫌は上々です。

材料（2〜3人分） 20 min

鯖…半身
トマト（小）…2個（200g）
ズッキーニ…1/2本
パプリカ（赤&黄）…各1/8個
パン粉ミックス［パン粉…10g　EXバージンオリーブオイル…大さじ1　にんにく（みじん切り）…1/2かけ分　パセリ（みじん切り）…大さじ1　塩…小さじ1/6］

パン粉が香ばしく、
野菜のうまみでお魚しっとり。
お客さまのときにも大好評。

1 鯖は小骨を抜いて皮をはぎ、ひと口大にそぎ切りにして、塩・こしょう（分量外）をふる。トマトは4等分、ズッキーニは1㎝幅の輪切りに、パプリカは細切りにする。

2 〔パン粉ミックス〕の材料をボウルに入れ、よく混ぜ合わせる。

3 耐熱皿に鯖、野菜を彩りよく並べ、〔パン粉ミックス〕を全体にふりかけ、オーブントースターで焦げ目がつくまで15分ほど焼く。

※鯖は中骨のないものがおすすめ。

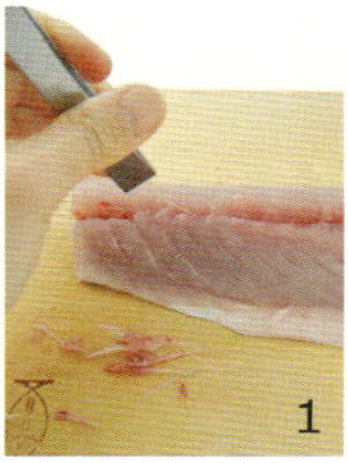

魚の骨抜きもストイックにならず、面白がってみて。鯖は身がやわらかいので小骨がひょいひょい抜けますよ。

！裏表紙に、ご飯と酒宴の食卓のサイドメニューをつけてます。参考にしてみて！

焼き厚揚げ

京都の一般家庭のお昼は、こんなおかずが定番です。街のそこかしこにお豆腐屋さんがあって、昼前にお揚げさんや厚揚げの揚げたてを買ってきて、そのままおしょうゆをかけて食べるのが最高。冷めたら、焼いてカリッと温めれば、また最高！　究極のデリです。

材料（作りやすい分量）　5 min

厚揚げ（あれば絹厚揚げ）…1丁
おろししょうが・濃口しょうゆ…各適量

1　フライパンを中火にかけて温まったら（油はなしで）、厚揚げを入れて火を少し弱める。中に火が通り、外がカリッとするように両面を焼く。

2　1の厚揚げをひと口大に切る。器に盛って、おろししょうがを添え、濃口しょうゆをかけていただく。

厚揚げの油をいかしてカリッと焼くと、おいしくてヘルシー。油揚げを焼く場合も同じです。

シャキシャキ水菜サラダ

わが家ではおなじみのサラダ。ドレッシングではなくて、おだしのたれ〔つゆだれ〕でいただきます。温泉卵がつなぎの役になって、どっさり入った水菜も、シャキシャキ感を楽しみながらどんどんお腹の中へ。おだしのチカラってすごい。日本人でよかったなあ。

材料（作りやすい分量）　15 min

水菜…1束　ベーコン…6枚　温泉卵…1個　フライドガーリック…少々　焼き海苔…1枚

つゆだれ〔だし…50cc　みりん（煮切る）…40cc　濃口しょうゆ…30cc〕

1 水菜は長さ3cmに切り、しっかり水気をきる。ベーコンは半分に切ってフライパンで焼き、キッチンペーパーに取っておく。

2 器に1の水菜とベーコンを盛りつけ、温泉卵、フライドガーリックをのせる。調味料を合わせた〔つゆだれ〕を回しかけ、仕上げに焼き海苔を散らす。よく混ぜていただく。

小鍋でみりんを熱して。煮切ったみりんに、だしと濃口しょうゆを合わせ〔つゆだれ〕の完成。

！ 長芋のすりおろしを加えると益々おいしいし、納豆も合います。

豚ニラ炒め

夏の暑い盛り「食欲がないからって、素麺ばっかりだと人間まであっさりしてきそうだし、長いこと火の前に立つ料理もなあ」ってときに思いついた料理。料理といっても、ニラと豚肉を切って、炒めて3分。スタミナわいてきますよ。

材料（3～4人分）　5 min

豚ロース肉（薄切り）…200g
ニラ…1束
片栗粉…適量
ごま油…小さじ2
オイスターソース…大さじ1

1 豚ロース肉は軽く塩・こしょう（分量外）をふって、片栗粉を薄くはたく。ごま油をひいたフライパンで中火で焼く。

2 豚肉の両面がカリッと焼けたら、長さ4cmに切ったニラを入れる。ニラがしんなりしたらオイスターソースを全体にからめる。

味つけはオイスターソースのみ。ニラと豚肉は5：1くらいに、ニラをたっぷり入れて！

！豚ニラ丼にしてもまちがいなくおいしい！

切り干し大根サラダ

切り干し大根の独特の歯ごたえや甘い味わいが大好き。小さな頃、お鍋いっぱいに炊かれているとうれしかったなあ。この食べ方にも流行りがあって、最近は炊いた常備菜より生っぽいものが主流で、私も今の気分はこのサラダ。洋食メニューにも合います。

滋味あふれるクイックサラダ。

材料（4人分） 10 min

切り干し大根…30g

きゅうり…1本

プチトマト…6個

A〔だし…80cc　砂糖・米酢・薄口しょうゆ・すりごま…各大さじ1 $\frac{1}{2}$　ごま油…小さじ1〕

1 切り干し大根は洗って1分ほど水につけて軽く戻し、よく絞っておく。

2 きゅうりはせん切りにする。プチトマトは4等分に切る。

3 ボウルにAの調味料を入れて混ぜ合わせ、1の切り干し大根をほぐし2の野菜ともども混ぜ合わせる。

切り干し大根の戻しは長くても5分以内。水につけすぎないこと。

丁稚のすき焼き

丁稚奉公があった時代の日本人は、どこかきりっと締まっていたと思います。一生懸命働いて胆力を磨く。現代っ子に一番教えたいことです。これを作ると必ず子どもにそんな話をしますが、たぶん「またか」と思っていることでしょうね。

ちゃちゃっと5分。
急場に大活躍です。

材料（4人分）　5 min

九条ねぎ（太め）…2本
油揚げ…$\frac{1}{2}$枚
ごま油…小さじ1
砂糖…大さじ2
濃口しょうゆ…大さじ$2\frac{1}{2}$
粉山椒…適宜

1 九条ねぎは斜めに切り、油揚げは食べやすい大きさにする。

2 フッ素樹脂加工のフライパンにごま油を熱し、1の油揚げ、九条ねぎを炒め、しんなりしたら砂糖と濃口しょうゆを加え、さらに30秒ほど中火で炒める。仕上げに、あれば粉山椒をふる。

ねぎはかたさで切り分けます。かたいものは短め、やわらかいものは長めに。

！九条ねぎに代えて、下仁田ねぎなど太めのねぎを使って。

蒸し野菜のおかずみそ添え

野菜不足を一挙に解決するこのレシピ。秘策は、少しの水だけで煮る「蒸し煮」。野菜の甘味と、しゃきしゃきの歯ごたえはびっくりするほど。調味料の〔おかずみそ〕の甘辛い味つけで、ご飯代わりに野菜が山ほど食べられます。白菜でもキャベツでも。

材料（作りやすい分量）　10 min

白菜…1/4株　九条ねぎ…1～2本

おかずみそ〔みそ…大さじ2　ごま・コチュジャン…各大さじ1〕

1　白菜は1㎝幅に切り、九条ねぎは斜め切りにする。〔おかずみそ〕は混ぜ合わせておく。

2　平鍋に、1の野菜をこんもりと盛って水（分量外…大さじ2）を入れ、ふたをして中火にかける。

3　野菜がしんなりしたら火からおろし、〔おかずみそ〕をのせて混ぜながらいただく。

※〔おかずみそ〕は2食分くらい作っておくと、焼きものや蒸しものなどの味つけに使えて便利。

白菜の上にねぎをのせて。平鍋か厚手の鍋、フライパンでもOK。ふたがなければ、写真のようにアルミホイルをかぶせて。

！旬の春キャベツと新玉ねぎもおいしい。季節の野菜を自由に組み合わせて。

ひじき煮

ひじきも昔はしっかり炊いたものが主流でしたが、今はささっと、おかず風に作ったほうが飽きがこないみたい。調味料も少しでいいので、塩分セーブも出来ます。お肉でボリュームアップしてご飯のお友に。パプリカの彩りが食欲をぐっとそそりますよ。

チャーミングな彩りで、
食欲倍増。

材料（作りやすい分量）　15 min

ひじき（戻した状態）…70g
豚バラ肉（薄切り）…30g
パプリカ（赤、黄どちらでも）…20g
A［だし…50cc　砂糖・濃口しょうゆ…各大さじ$\frac{1}{2}$］

1 ひじきは乾燥ものなら、水で戻して水気をきっておく。豚バラ肉は2cm幅に、パプリカは1cm幅に切る。

2 フライパンを中火にかけ（油はひかない）、豚バラ肉を炒め、火が通ったらパプリカ、ひじきを加え、Aの調味料を入れ、汁気がなくなるまで炒める。

中火のまま、全体に味がなじむように、よく混ぜながら炒めます。

！お弁当のおかずや、ご飯に混ぜてチャーハンにしても。

かぼちゃとなすの煮もの

結婚前、主人にはじめて作った料理。短時間で煮ものが出てきたことにたいそう驚かれました。先になすを炒めて煮汁がしみやすくする段取りがこつ。ただこの煮ものが実績になり、時に「10分後にごはん4人分ね！」と来客オファーがあって困ってます。

材料（3～4人分） 15 min

なす…2本　かぼちゃ…$\frac{1}{8}$個　いんげん豆（三度豆）…8本　サラダ油…大さじ1　だし…80cc　砂糖・濃口しょうゆ…各大さじ$1\frac{1}{2}$

1 なすはヘタを取り、皮に斜めに切り目を入れてから3cmの輪切りにする。かぼちゃは3cm角に切る。いんげん豆はヘタを取って半分に切る。

2 鍋にサラダ油を熱し、1のなすを入れて中火でざっと炒める。なすに油が回ったらかぼちゃを入れ、だし、砂糖、濃口しょうゆの順に加え、最後にいんげん豆をのせて、ふたをする。

3 強めの弱火にして、かぼちゃがやわらかくなるまで煮る。途中、煮汁がうまく回るように全体を大きく混ぜ、10分ほどでほっくり煮あげる。

煮やすいように、なすは先に炒めて油を吸わせ、しんなりさせておきます。

サムギョプサル

うちの定番中の定番。サムギョプサルは韓国風の豚焼き肉ですが、食べ方をちょっとアレンジ。ふつうに、焼いた豚バラをサンチュやレタスで包むのもよいのですが、私はやっぱり甘いゆでキャベツで包む方が好き。お肉をたっぷり包む人、ご飯をひと口添える人、と食べ方や量を食卓でアレンジできるところも大人気。ひとつだけ注意点は、キャベツをゆでたあとに水にさらさないこと。葉っぱが水っぽくなりますからね。それとサムギョプサルの日は、後口がさっぱりする、ちくわとねぎのスープが定番の献立。ぜひお試しを。

材料（3〜4人分）15min

豚バラ肉（かたまり）…200g

キャベツ…適量

みそだれ〔みそ・ごま油・ごま…各大さじ1　水…大さじ1/2〕

1　豚バラ肉は3cm幅に切ってから長さ5cmに切り、中火にかけたフライパンで脂を出すようにカリッとするまで焼く。

2　キャベツの葉は芯を取って半分に切ってゆでておく。〔みそだれ〕の材料を合わせておく。

3　ゆでキャベツと豚バラ肉を器に盛り、〔みそだれ〕をつけながら肉をゆでキャベツに包んで食べる。

※残ったキャベツの芯は塩をしてぬか床で古漬けにするとすごくおいしい。

いろいろ使い回せる〔みそだれ〕。保存容器の中で混ぜて作って、使い残しは冷蔵庫へ。

〔ちくわとねぎのスープ〕鍋にだし3カップを煮立て、酒小さじ1、塩小さじ1/4、薄口しょうゆ小さじ2で味つけ。ちくわ2本と九条ねぎ2本を斜め切りにして加え、ひと煮立ちしたら完成。

カリカリ豚バラを
甘いキャベツでサム（包む）！
食卓が盛りあがるメニューです。

！ゆでキャベツに豚バラ肉とご飯をのせ、辛党はコチュジャンの入った〔おかずみそ〕（P61）を使っても。

牛しゃぶ

急いで料理を作るときは、まずたっぷりのお湯を沸かす。お湯が沸けば数分で出来る料理がゴマンとあります。これもその一つ。牛しゃぶのこつは、煮立てない、冷やさない。煮立てると肉がかたくなるし、冷やすと脂がざらつくから。定説より自分の感覚を信じて。

材料（4人分）　10 min

牛薄切り肉（しゃぶしゃぶ用）…300g
みょうが…1個
青じそ…3枚
カイワレ菜…少々
好みのポン酢しょうゆ…適量

1　みょうがは輪切り、青じそはせん切りにして、水に放して絞っておく。カイワレ菜は根元を切っておく。

2　鍋にお湯を沸かし、牛薄切り肉を入れたらすぐに火を止める。余熱で肉に火を通し、ザルにあげる（水にとらない）。

3　2を器に盛り1をのせ、ポン酢しょうゆをかける。

しゃぶしゃぶのポイントは余熱調理。ザルにあげて空気にさらせば、肉の熱はとれます。

サラダ菜のサラダなの

飾り役が多いサラダ菜。安価で安定していて、葉がやわらかくておいしいのにと、かわいそうに思っていました。サンチュに近い感じ？ と見方が広がったのは、ご近所の焼き肉屋さんでのこと。サラダ菜を思いっきり主役に、私好みに仕立てたサラダです。

緑葉しんなり。
なごむ食感です。

材料（4人分） 10 min

サラダ菜…1束
きゅうり…1/2本
紫玉ねぎ…少々
A〔おろしにんにく…少々 塩…小さじ1/3 ごま油・米酢…各大さじ1/2〕
松の実…適宜

1 サラダ菜は葉を軸から取り、きゅうりはスライサーでタテに細長くスライスし、紫玉ねぎもスライスしていっしょに水にさらしておく。

2 器にAの調味料を入れて混ぜておく。そこにスピナーで水切りした1の野菜を入れ、ふんわりと混ぜる。あれば松の実を散らして。

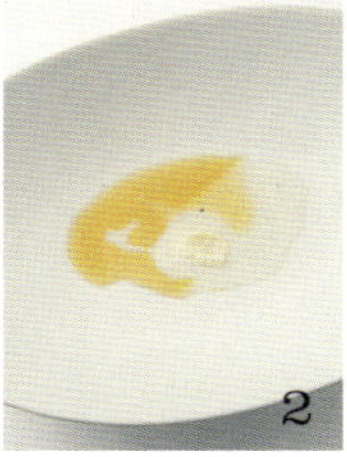

器の底に調味料を入れておき、器の中で混ぜ合わせて仕上げます。ボウルを汚さず、ひと手間減ってうれしい。

カレイのムニエル

カレイは種類が多い魚ですが、私は笹ガレイが一番好き。ふだんは干物になっていることが多いけど、たまに生が手に入ります。そんなときは断然ムニエル！　縁側もおいしく食べたいのでヒレを切って、作りやすく食べやすい工夫をしてみました。

材料（2人分）　20 min

カレイ…2枚　小麦粉…適量　オリーブオイル…大さじ1
プチトマト・マッシュポテト・ゆでブロッコリー・レモン…各適量

1　カレイは頭、ヒレ、尾をハサミで切り取り、塩・こしょう（分量外）をふって、小麦粉を薄くつける。

2　フライパンにオリーブオイルを熱し、カレイを入れて中火でこんがりと焼く。焼きあがり直前にプチトマトを加え、軽く火を通す。

3　皿にマッシュポテト、ゆでブロッコリーと盛りつけ、あればレモンを添える。

※マッシュポテトの作り方↓94ページ

※ムニエルにおすすめなのは、笹ガレイ↓水カレイ↓赤カレイ↓エテカレイの順。カレイの骨は強いので気をつけて。

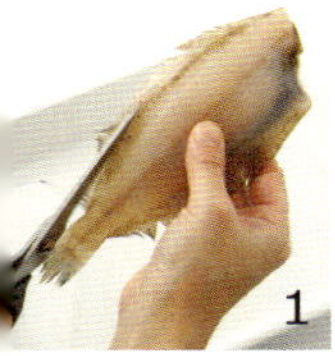

頭とヒレと尾を切るのはキッチンばさみを使って。魚慣れしてない人でも簡単にできます。

！カレイ以外にもヒラメ、タラ、鯛、舌平目はムニエル向き。

九条ねぎのアーリオオーリオ

冬の楽しみは京都の上賀茂あたりの太ねぎといわれる九条ねぎ。近所の八百屋さんに農家さんから届くのを見計らって買いに走ります。寒風に育まれ甘味を増したおねぎは、大ごちそう。「京都の底冷えも悪いもんやあらへんなあ」と思えます。

材料（4人分）10min

九条ねぎ…1/2束
EXバージンオリーブオイル…大さじ1
にんにく…1かけ　鷹の爪…1本
濃口しょうゆ…小さじ1

1　フライパンにオリーブオイルとつぶしたにんにくを入れて弱火にかけ、油に香りを移す。

2　にんにくがきつね色になったら取り出し、鷹の爪と、斜め切りにした九条ねぎの白い部分を先に炒める。

3　2のねぎがしんなりしてきたら青い部分も入れ、ざっと炒めて濃口しょうゆをたらす。

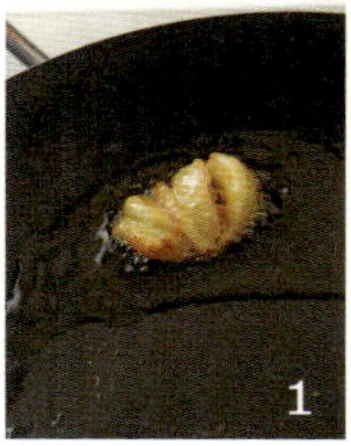

フライパンをやや傾け、油の中でにんにくを揚げる感じにして弱火でじっくり。火が強すぎると焦げて苦くてまずいものに。

！九条ねぎに代えて、下仁田ねぎなど太めのねぎで作っても。

チンゲン菜と鶏の治《じ》部《ぶ》煮《に》

母方の叔父が結婚したのは中国の人。新婚当初、その叔母さまが作ってくれたのがこんなチンゲン菜料理でした。20年くらい前のことで、新しいお野菜の類だった、チンゲン菜の真のおいしさに開眼。以来アレンジを重ねて、レパートリーとなった一皿です。

材料（作りやすい分量）　15 min

鶏もも肉…1枚（250g）　チンゲン菜…2束　だし…1カップ　片栗粉…適量
A［薄口しょうゆ・みりん…各大さじ2
おろしにんにく・こしょう…少々］

1　鶏もも肉はひと口大のそぎ切りにし、塩・こしょう（分量外）をふる。チンゲン菜は4等分の長さに切って株元は8つ割りにする。葉っぱと株元は分けておく。

2　鍋にお湯を沸かし、塩・ごま油（分量外…各小さじ1）を入れ、1のチンゲン菜の株元を入れ、しんなりしたら葉っぱもゆでてザルにあげ、水気を絞る。

3　2の鍋にだしを入れて煮立て、Aの調味料を加える。1の肉に片栗粉を薄くはたいて鍋に入れ、中火にかける。時々混ぜながら肉が煮えたら、2のチンゲン菜を鍋に戻し、温まったら火を止める。

チンゲン菜など青菜をゆでるお湯に塩と油を少量入れると、野菜がつややかにゆであがります。

梅とろ

娘の得意料理。といっても、すりおろして練り梅、ポン酢を混ぜるだけ。私が作ってしまうと「やりたかった！」と怒られます。作っている様子をチラッとみたら、梅大好きの娘、熱心に練り梅をお味みしてました。そういうことやったのね！

材料（2人分）10 min

長芋…200g
練り梅・ポン酢しょうゆ…各小さじ2
青じそ…2枚

1 長芋は皮をむいてすりおろし、練り梅とポン酢しょうゆを入れてよく混ぜる。

2 青じそはせん切りにし、水に放してぎゅっと水気を絞る。

3 1を器に入れ、仕上げに青じそを飾る。

※練り梅は自家製、市販品ともに塩分の量がさまざまなので、先に半量混ぜて味をみましょう。

ご飯にかけて、梅とろご飯。疲れている日もさらりとお腹に収まります。

イカトマ炒め

娘は炒めたトマトが大好物で、トマトとイカが苦手なお兄ちゃんたちがいないお昼は、必ずイカトマ炒めのパスタ。うちのパスタは麺より多いくらいトマトたっぷり。外食先で頼むとトマトが少なく不機嫌になる娘に、「コスパとは……」と説いております。

ご飯にも合う、イタリアンです。

材料（2〜3人分）15 min

イカ…1/2ぱい　トマト（大）…2個

EXバージンオリーブオイル…大さじ1

にんにく…1かけ　塩…小さじ1/4

1　トマトは皮をむいて4等分。イカは食べやすい大きさに切っておく。

2　フライパンにオリーブオイル、つぶしたにんにくを入れて弱火にかける。にんにくがほんのりきつね色になったら1のイカを入れる。

3　イカに火が通ったら強火にして、トマトと塩を入れてざっと混ぜ炒める。トマトの角がちょっと取れてきたくらいで火を止める。

4　3を器に盛り、あればバジルの葉っぱを飾る。

※トマトは温める程度で、火を通しすぎないことがポイントです。

トマトの皮は、直火であぶってすぐに冷水につけると簡単にむけます。

！イカはどの種類でもOK。わが娘おすすめの、イカトマ炒めのパスタもお試しを。

豆苗炒め

もう30年近く前、父とお料理業界の方々といっしょに香港に行ったとき。さまざまな美食を食べた中で忘れられなかった、豆苗の味。その頃日本に無くて残念だった豆苗が、今やスーパーの常連さん。お安いから3パック分を一度に作ってワシワシ食べてます。

材料（作りやすい分量）　10 min

豆苗…1パック
紅しょうが（粗みじん切り）…大さじ1
ごま油…小さじ2
練りごま（白）・薄口しょうゆ…各小さじ2

1　豆苗は根元を切り落とし、半分に切る。

2　フライパンにごま油を熱し、1の豆苗を強火で炒める。少ししんなりしてきたら、練りごま、薄口しょうゆを入れてよく炒め混ぜる。

3　調味料が行き渡ったら、紅しょうがを入れて混ぜ、すぐに火を止める。

豆苗の根元は水につけておくと新芽がのびて、汁の具などに2～3回は楽しめます。

！関西人は紅しょうが好き。関西家庭の定番おかず、もやし紅しょうが炒めもどうぞ。

1分おでん

練りものって、ぐらぐら煮立ててしまうと味が外に出てしまうんです。ご存知の方も多いと思いますが、韓国の屋台でおでんといえば、この練りものだけを煮たもの。注文すると串に刺した練りものを片手に、もう片方の手には温かいだしスープの入った紙コップを手渡されます。寒い国だからこんな風にアレンジされているんだなあ。感心しつつ、「おでんって練りものだけでいいんだったらすぐできる！　大根もちょっぴり入れて……」と考えついたのがこれ。煮て1分！　ちゃんと「おでん」です。

実はこのおでん、だしがなければ水でもOK。練りものからだしがどんどん出てくるんですから、練りものの力はすごい！

材料（2〜3人分）　5 min

大根（スライス）…1.5cm分　まる天…4枚　はんぺん（$\frac{1}{4}$に切る）…1枚　三色串天…4本

だし…1$\frac{1}{2}$カップ　薄口しょうゆ…小さじ2　からし…適宜

1　鍋に材料を全て入れ、ふたをして中火にかける。

2　煮立ったらふたを取り、ふきこぼれないように弱火にし、ふたをずらし、約1分加熱して火を止める。

3　器に盛り、好みでからしを添える。

練りものを並べた鍋の上から大根をスライスすれば、包丁もまな板も不要で楽ちんです。

ルールは煮すぎないこと。
練りもののおでんのうまみ、
あなどれません！

「味の出来あがり」を自分の食べ頃に

料理にはそれぞれ、味が出来あがるために必要な時間があります。味の出来あがりは、「自分の好きな食べ頃」のこと。その食べ頃を意識してご飯を作ると、「うちの味」がわかりやすくなります。よく作る料理で、考えてみてください。

サラダなら、レストランのサラダのようにオイルたっぷりの葉のパリッとした野菜が好きな人もいますが、私はご飯にマッチする、野菜がしんなりとおひたしっぽいサラダが好み。煮ものは、とろっと煮くずれて多少野菜の色が濁ったくらいが、わが家の食べ頃。義母はお鍋をのぞきながら「全部が仲ようなるまで煮てなあ」といってましたが、私はこの「仲よくなる」といういい回しが大好きでした。素材それぞれの味が自然と結ばれて、まあるくなるまで見守るという、出来あがりを待つ過程が、何ともいえずやさしい時間に感じるんです。

レシピ通りに作ったのに「あれ？」と悩んだら、よく見て、香りを嗅いで、五感を使って料理することを心がけてみてください。作ってて迷ったら、相談すべきは手もとの料理です。レシピはあくまで参考ですから。自分が何を作っていて、どんな味にしたいのか。どんな出来あがりなのか。そこがはっきりしていれば、タイマーもいらないし、火加減も分量も、自分で判断できるようになります。

「さっぱり味に仕上げよう」「今日はもっちりした食感にしたい」。同じ料理を作っても、自分の感じる「おいしい」方向へ、出来あがりの味をコントロールできるようになったら、ご飯作りはもっともっと楽しくなります！

切り身魚の煮つけは小さめフライパンを使うと煮汁がよくからみます。煮詰め加減は「うちの味」の好みで。

〈根菜サラダ／2人分〉
食べやすく切った根菜 [大根・にんじん・蓮根・ごぼう・ブロッコリー…各適宜]をゆで、水気をきってすぐドレッシング[おろし玉ねぎ・みりん・米酢・サラダ油…各大さじ2　塩…小さじ2/3]と混ぜ、常温に冷ます。

4章
一品主役の麺・ご飯ものの定番

運動好きの私の元気のもとは、炭水化物！
手軽にできる麺やチャーハンから、
見栄えよくメインになるお寿司や丼ものまで。
ひとりご飯のときや人が集まるご飯のときに、
さっぱり味からがっつり系まで。
家庭ならではのやさしい味わいを大切にしています。
おいしい丼の味つけやスープを覚えておくと、
具材を変えてレパートリーがぐんと増えます。

いそいで、
アツアツをめしあがれ

じゃこと万願寺とうがらしのチャーハン

塩の味つけは、料理の基本。「料理の味が決まらない」と悩んでいる方は、まず自分の好きな塩加減を体で覚えることからはじめてみましょう。私のチャーハンや麺ものは、具材が少なく、シンプルに塩で決める味つけが多いので、ちょっと意識して作ってみてください。たとえば、このチャーハンの味つけのこつは、味みをしたときに「しっかり」に感じるくらいの塩加減にすること。すると、食べるときには塩がなじんでおいしく感じられます。味を控えすぎると薄ぼんやりした味になってしまうので、ご用心。もしも自分の味に自信が持てなくても、家族が「おいしく感じる」塩加減を知っていれば、「うちの味」は定まってくるものです。

食べ方もうち流で、チャーハンの類は、口運びのよいスッカラ（韓国のスプーン）でいただきます。

材料（2人分） 15 min

万願寺とうがらし…3本
ちりめんじゃこ…大さじ2
ごま油…小さじ2
ご飯…2膳分
塩…小さじ$\frac{1}{6}$
バター…5g

1 万願寺とうがらしはヘタを取り、タテ半分に切って1cmくらいの小口切りに

じゃことバター、
風味よくカルシウムたっぷり。
愛情ママチャーハンです。

する。

2 フライパンにごま油とちりめんじゃこを入れ、中火で炒める。じゃこがカリッとしてきたら、1の万願寺とうがらしを入れて炒める。油が回ったところで、ご飯と塩を加え、へらで切り混ぜながらさっくりと炒める。

3 仕上げにバターを入れて火を止め、全体にバターの風味を行き渡らせる。

仕上げの段階で入れるバター。何となく奥深い味わいがするのは、この隠し味。

! 万願寺とうがらしの代わりに、ピーマンを使っても。

サブジごはん

私のアシスタントは、スリランカカレーの達人。韓国で野菜料理を〝ナムル〟というように、インドやスリランカでは香辛料で蒸し煮や炒め煮にした野菜料理を〝サブジ〟というそうな。野菜のうまみたっぷりのこのカレーは、彼女からインスパイアされたものです。あっけないほど短時間でできたので、何か工程が足りないのでは？と思ったほど。おいしくて簡単なサブジこそ、スリランカ主婦の十八番料理なのでしょうね。それにしても、どんな国の料理を作っても、私らしい味になるからおもしろいものです。

材料（2人分） 20 min

なす…1本　ズッキーニ（小）…1本

プチトマト…6個　濃口しょうゆ…大さじ1　塩…小さじ1

カレーペースト A〔オリーブオイル…大さじ1　にんにく（みじん切り）…1/2かけ分　マスタードシード…小さじ1/2〕

B〔カレー粉…小さじ1　トマト・玉ねぎ（ともに粗みじん）…各1/2個分〕

1 なすはタテ半分に切って5㎜幅の半月切りに、ズッキーニは5㎜幅の輪切りにする。

2 〔カレーペースト〕を作る。鍋にAを入れ、マスタードシードがパチパチするまで炒めたら、Bを加えて、玉ねぎがしんなりするまで中火で炒める。

3 2の〔カレーペースト〕に1の野菜を入れ、ふたをして強めの弱火にかける。時々混ぜながら野菜を蒸し煮にする。

4 3の野菜に火が通ったら、濃口しょうゆ、塩、半分に切ったプチトマトを加える。全体をよく混ぜてトマトが軽くしんなりしたら出来あがり。

最初にオリーブオイルでにんにくとマスタードシードを炒めて。カレーペーストはまず香りから作ります。

スリランカ風の野菜カレー煮。
お手軽スパイス＋しょうゆで、深い味に。

！このカレーは雑穀米や胚芽米と相性抜群。わが家は製パン用の十五穀米です。

焼きそばケチャップ味。
ありそうでなかったと、
大好評です。

！パルメザンチーズをかけていただくと、ますます〝昭和〞の味に！

焼きそばナポリタン

数年前、昭和の香りがする喫茶店で友人とナポリタンを食べたときのこと。「やっぱりこの〝シラこい（生っぽいの意味）〟ピーマンがたまらん」という友人のセリフに大笑い。その彼女、今はリッチでグルメなイタリアンレストランのオーナーなんです。どんな人も若いときの忘れられない、ちょっと照れくさい味があるもの。とはいえ、本物を知った今は、パスタをゆでて放っておくなんてもう出来ないので、ここは焼きそば麺を使って。邪道ですが、ゆでなくていい上に、結構おいしいんですよ！

材料（2人分）　15 min

焼きそば麺…2玉
玉ねぎ（小）…1個
ベーコン…80g
ピーマン…1個
サラダ油…大さじ1
ケチャップ…大さじ6
塩…少々

1 玉ねぎ、ベーコン、ピーマンはそれぞれ7㎜幅に切る。

2 フライパンにサラダ油を熱し、玉ねぎ、ベーコンを炒め、玉ねぎがしんなりしたらピーマンを加え、ケチャップを入れる。具材にケチャップをよくからめる。

3 全体にケチャップがよくなじんだら、電子レンジで1分加熱しておいた焼きそば麺を加えて、中火で炒め合わせる。味みをして、もの足りないようなら塩でととのえる。

2
麺を入れる前にケチャップを入れて、汁っぽさがなくなるくらいまで炒めます。

3
電子レンジで麺を温めておくと麺がほぐれやすく炒めやすい。

チャプチェ

10年前、大学の社会人講座に「ハングル講座」をみつけて半年ほど通いました。30代で語学はさすがにキツイものがありましたが、先生をはじめ学友との時間はとても豊かでした。あるときは、みんなで即席パーティーなんて日も。私がチャプチェと水キムチを持ち込み、先生が焼酎を。他にバイオリンを持ち込む人、歌う人など、おもしろかったなぁ〜。楽しく学べたその成果で、韓国旅行でちょっと文字が読めて、おいしいものを堪能。その本場の味を日本で作りやすくアレンジした、このチャプチェは家族みんなの大好物です。

材料（2人分） 40 min

韓国春雨…40g　牛こま切れ肉…50g
A〔濃口しょうゆ・砂糖・酒…各大さじ$\frac{1}{2}$　オイスターソース…小さじ1　おろしにんにく・ごま油…各小さじ$\frac{1}{2}$〕
玉ねぎ（スライス）…$\frac{1}{4}$個分　にんじん（せん切り）…15g　ニラ（長さ3cmに）…$\frac{1}{3}$束
パプリカ（赤・黄の薄切り）…各$\frac{1}{8}$個分　しいたけ（スライス）…2枚分
サラダ油…大さじ1　ごま…大さじ1
B〔濃口しょうゆ・ごま油・砂糖…各大さじ1〕

1　春雨は長ければハサミで切って30分ほど水につけ、熱湯で2〜3分ゆでて水にさらし、ザルにあげておく。

2　牛こま切れ肉は1cm幅に切り、ボウルに合わせたAの調味料をもみこみ、10分ほどおく。

3　フライパンにサラダ油を熱し、玉ねぎ、にんじんを中火で炒めてしんなりしたらニラとパプリカを加え、塩・こしょう（分量外…適量）をする。

4　3のフライパンに2の牛肉、しいたけを加え、肉の色が変わったら火を強めて2分ほど加熱し、カリッと炒める。

5　1の春雨を加え、Bを入れて味をととのえる。仕上げにごまをふる。

※レシピの具材はバランスよく味わえる目安です。その日、台所にある野菜を使ってください。

春雨は早めに水につけて戻しておいて。麺があれば、あとは炒め合わせるだけなので、かなり時短になりますよ。

野菜上手の韓国麺。
うまみのからんだ、
ていねいな味です。

うな玉丼

ご近所にある『かねよ』という老舗うなぎ屋さん。私の大好物の錦糸丼は、ひと切れのうなぎの上にドーンとだし巻き風の卵がのっかってボリュームたっぷり。うなぎが小さくとも寂しくさせないぞ。そんな心やさしき丼をまねて、わが家では半熟炒り卵のせです。

頭と尻尾で作る
うなぎのたれ。傑作！

材料（2人分）20min

うなぎの蒲焼（小）…1本　酒…小さじ1/2　卵…3個　A〔だし…60cc　薄口しょうゆ…小さじ1〕　片栗粉…小さじ2　サラダ油…小さじ2
うなぎのたれ〔みりん（煮切る）・濃口しょうゆ…各50cc　砂糖…大さじ2　うなぎの頭と尻尾〕　ご飯…2膳分

1 うなぎは皮を下にフライパンに並べる。酒をふってふたをし、弱火で1分ほど、ふっくらと温める。

2 卵にAを混ぜ、サラダ油を熱した別のフライパンで半熟の炒り卵を作る。

3 鍋に〔うなぎのたれ〕の材料を入れ、弱火で3分、とろっとするまで煮る。

4 〔うなぎのたれ〕をご飯に混ぜて丼によそい、2の半熟の炒り卵、1のうなぎを盛る。好みで粉山椒をかける。

頭と尻尾からだしをとって煮ること。うなぎの香りとコクが移ります。

！〔うなぎのたれ〕を混ぜたご飯に炒り卵をのっけた、うなぎナシ丼も十分おいしー。

しば漬け豆腐丼

夏の終わり、実家ではしば漬け作りが恒例。山ほどのなすに、みょうが、きゅうり、しょうが。そして大原でしか採れない香り高い紫蘇。季節の恵みがぎゅっと詰まった、しば漬けは、私のソウルフード。豆腐とのコンビネーションは、あっさりだけど栄養満点です。

材料（2人分）　5 min

充填豆腐…1パック（100g）

しば漬け（刻んだもの）…適量

濃口しょうゆ…適量

ご飯…2膳分

1　丼にご飯をよそい、上に充填豆腐を適度に盛り、しば漬けをのせる。濃口しょうゆを好みの量だけかけていただく。

絹ごし豆腐より、これは充填豆腐を使って。なめらかな豆腐がソースになってご飯がしっとり。

！乳酸菌たっぷりの古漬けと豆腐は栄養学的にも相性のよい食べ合わせだそう。

アジのちらし寿司

ちらし寿司は手軽なわりに豪華。とくに初夏は、青じそ、みょうがなど香り豊かな野菜を混ぜ込んだお寿司が食欲をそそります。そこで旬のアジを。魚の酢〆は、基本がいっしょなので覚えておくと便利な調理法です。こんな青みの魚でも、酢でしめておくと鮮度が保たれて2、3日はおいしくいただけるから、魚の新しいうちに多めに作っておくと、お酒のつまみにも重宝します。冷蔵庫がなかった時代になくてはならない保存レシピだったんだろうな、と先人の知恵に感服します。

材料（3〜4人分）　45 min

アジ…2尾　塩…適量　漬け酢〔米酢…$\frac{1}{2}$カップ　砂糖…大さじ2　薄口しょうゆ…大さじ1〕

すし酢〔米酢…大さじ$2\frac{1}{2}$　砂糖…大さじ$1\frac{1}{2}$　塩…小さじ$\frac{1}{2}$〕

青じそ…$\frac{1}{2}$束　みょうが…1個　カイワレ菜…$\frac{1}{2}$パック　ごま（白）…適量　温かいご飯…4膳分

1　アジは3枚におろし、腹骨も抜き取る。身に7割、皮に3割の加減で、たっぷりの塩をふる。盆ざるに皮を下にしてのせ、常温で20分おく。

2　1のアジの塩を冷水でさっと洗い、水気をよくふきとる。骨抜きで小骨を取り、バットにのせて〔漬け酢〕をかけ、途中で表裏を返し、常温で20分おく。

3　すし飯を作る。ご飯に〔すし酢〕をかけ、全体によく混ぜたら、少し冷ます。

4　青じそはせん切り、みょうがは小口切りにして水にさらし、絞る。カイワレ菜は洗って半分に切る。

5　3のすし飯を広げ、4の半量を均等にちらし、上下を返して混ぜて器に盛る。

6　2のアジの水気をしっかりふき、皮を頭側からはぎ取り、5㎜幅のそぎ切りにして、5にのせる。残しておいた青じそ、みょうが、カイワレ菜をのせ、ごまを散らす。

1　酢でしめる前に、塩でしめて、魚臭さを除きます。

2　酢〆の時間は20分としていますが、酢でしっかりしまっている方が好きなら1時間にして。

いいお刺身がある日に。
ちらし初心者も
絶対失敗しないレシピです。

！酢〆の魚はぬたに合わせたり、きゅうりもみに入れたり、酒肴に楽しめます。

きざみきつねうどん

京都人はお揚げさんを甘く炊いたきつねうどんより、お揚げさんをきざんだだけのきつねうどんが好きな方が多いんです。私もその一人で、「甘ぎつねやと、おだしがにごる気がするから」と勝手な言い分。でもこんなちっちゃいこだわりが、日々の楽しみなのかも。

材料（2人分）　20 min

うどん麺（ゆで）…2玉　油揚げ…1/2枚　九条ねぎ…2本

うどんだしA〔水…5カップ　厚削りのかつお節…20g　だし昆布…5g〕B〔酒…大さじ1　塩…小さじ1　薄口しょうゆ…大さじ1 1/2〕粉山椒…適宜

1　［うどんだし］を作る。鍋にAを入れて30分以上おいて中火にかけ、煮立ったら火を弱める。ふたなしで対流させる程度に8～10分煮て、いったんザルでこして、だし汁を鍋に戻す。Bを加え一度煮立ててから火を弱め、ゆらゆら5分ほど温めて、出来あがり。

2　うどん麺はさっと洗い、1の麺つゆの鍋に入れる。汁が煮立ったら、短冊に切った油揚げ、斜め切りにした九条ねぎを入れ、2分煮る。

3　器に盛り、粉山椒など薬味を添える。

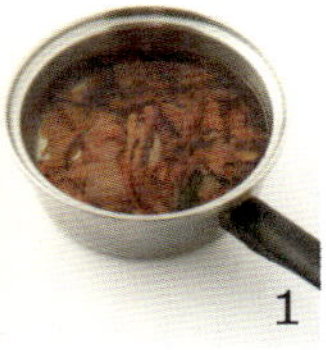

1

いかつお節は水にひ
しておくと、だしの
がよいです。

鶏煮麺

がんばって鶏ガラでだしをとっても家の火力ではうまくいかず、光熱費のムダ？　と何度も思った鶏スープ。でも、ついにみつけました。鶏もも肉を使った「誰でも出来る」だしとり方法。この自家製スープの鶏煮麺をひと口すると、お腹の底から落ち着きます。

材料（2人分）　35 min

鶏もも肉…1枚（250g）
素麺…2束
しょうが（薄切り）…10g　玉ねぎ…1/4個　水…5カップ
みつ葉…適量　一味唐辛子…適宜

1　鍋に水、鶏もも肉、しょうが、玉ねぎを入れ、ふたを半分かけて中火で25分ほどぐらぐら煮て、いったん肉を取り出す。

2　素麺は別の鍋でかためにゆでて、水にさらさずに鍋の上で水気をきって、1に移し入れる。スープが煮立ったら、（麺の塩分があるので）一度味をみて塩・薄口しょうゆ（分量外…適量）を加える。

3　器に2のスープと素麺を入れ、1の鶏もも肉を食べやすく切って玉ねぎと盛りつけ、みつ葉をあしらう。好みで一味唐辛子などの薬味を添える。

アルデンテにゆでた麺をダイレクトにスープに移すと温度が下がらず、ちょっととろみもついてイイ感じ。

！だしとり用の鶏で、肉は主菜・副菜に、だしは汁ものにするなど献立は自在です。

簡単サムゲタン

30年前、韓国で食べた参鶏《サムゲ》湯《タン》は、烏骨鶏に朝鮮人参、ナツメ、にんにく、栗、もち米、韓方薬らしきものが入った、特別な趣の料理でした。その後日本でも参鶏湯を見かけるようになると、家で作れたらいつでも食べられるのに、と思っていた課題メニューでした。引き算を重ねた結果、「えっ、それだけ？」とみんなが驚くシンプルレシピになりましたが、食べた人はもれなく大感激してくれます。こつはグラグラ煮る火加減で、ワイルドな料理にはワイルドな調理を。そうでないと味が出ないからふしぎです。

材料（2人分）　45min

鶏もも肉（ぶつ切り）…700g
もち米…$\frac{1}{2}$カップ
にんにく…2かけ
水…7$\frac{1}{2}$カップ　塩…適量

おいしく作るには、おいしい鶏を。新鮮で質のいい鶏肉を使うこともポイントです。

汁がぽこぽこ煮立っていても火を弱めないで。ふたを半分あけて熱をほどよく逃がします。

1 塩以外のすべての材料を一度に鍋に入れ、強火にかける。

2 汁が煮立ったらアクを取り、ふたを斜めにかけて、つねにグラグラするくらいの中火で40分ほど煮る。仕上げに塩で味をととのえる。

疲れたときの滋養に、
おうちサムゲタン。
褒められレシピです。

ふつうの台所、ふつうの道具

料理する場について考えてみると、最新機能を備えたピカピカの「キッチン」より、どことなく自然のぬくもりがする「台所」が、私のしっくりくる場所です。ちょうど私が料理をはじめた10歳の頃まで、実家の台所は、煮炊きに囲炉裏と薪ストーブがある、懐かしの「おくどさん」でした。おいしいご飯が作れて、家族が笑い合って食べられる場であればいい、という私のシンプルな台所考は、この台所の原点から来ているんでしょうね。

そして嫁いで13年。今の台所は、義母が35年前に改装したままの、「昭和」な空間です。ダイニングと兼用で約10畳の部屋には、真ん中に大テーブルがあり、調理台に食卓に、子どもたちの勉強机にと大活躍。コンロは二口しかないけれど、ここで百人超のケータリング料理も作っているから、空間もやりくり次第と思えます。

ものを多く持つのが嫌いな私は、道具もあり合わせ。最低限の火もとがあり、ふたのある鍋とフライパン、お玉としゃもじに箸がひと揃えあれば十分。たくさん道具を使い分けるよりも、気に入ったものを使い込んで手になじませる方が好きです。

なにより一番の道具は、手。包丁より、手でちぎった方が味がしみておいしい料理は数多く、素手で野菜を扱いながら「旬のそら豆は皮がやわらかいから、皮ごと焼いて食べよう」とか、手が素材を生かすメニューを教えてくれます。自分の手の感覚を信じて鍛えれば、手は頼りになる道具になります。逆に便利な道具任せにすると、手をスポイル（甘やかしてダメにする）してしまうかも。用心しましょう。

水気をよく吸い、毛羽だたない「日東紡」のふきん。働きぶりに惚れて、まとめ買いしてます。

〈マッシュポテト／2人分〉
12等分にしたじゃがいも2個、塩ふたつまみ、砂糖小さじ1、水ひたひたの鍋で中火に。煮立ったら火を弱め、煮えたら水気をきり、バター10gを加えマッシュ。牛乳50～80ccを足しゴムベラでなめらかに。

5章

大人もよろこぶ おやつ定番

子どもの頃の思い出につながる、
懐かしい甘み。10年20年と、
大好きで作り続けてきた私のお宝レシピは
思いついて作れる簡単さで、
何度食べても飽きないおやつばかり。
作ってるときからほっこり楽しく、食べてうれしい。
ご飯の後におやつのお楽しみがある日は、
大人だってなんだか幸せです。

アメリカン・チョコチップクッキー

昔アメリカへ2ヶ月ほど語学留学をしたとき、ホームステイ先で22歳の誕生日を迎えました。その頃は今に比べるとシャイだった私は、当日の夕食時にやっと誕生日なのを告白すると、ホストファミリーのパパがキッチンでゴソゴソ。いい匂いがしてきたなあ、と鼻をくんくんさせていたら、パパが1本のローソクを立てたチョコチップクッキーのお皿を手に、バースデイソングとともに登場!! ファミリーのやさしい気持ちのこもった、焼きたてクッキーは心まであったためてくれる、とびきりハッピーなおいしさでした。

その大切な思い出につながるクッキーを、作り続けてもう四半世紀。粉の配合やプロセスは進化しましたが、趣はあの懐かしいアメリカのホームメイドクッキー。焼きあがると、呼ばなくても鼻のきく食いしんぼうが集まって、瞬時にお腹に収まっていくのです。

材料（直径4cm 約50個分） 25 min

A〔薄力粉…260g インスタントコーヒー（細かく砕いたもの）…小さじ1 1/2 重曹・ベーキングパウダー…各小さじ1/2〕
バター…100g
きび砂糖…150g
卵…1個
バニラエッセンス…少々
チョコチップ…200g

生地を丸めて冷凍しておくと便利。食べるときは冷凍生地のまま焼けます。

こつがないほど、カンタン！素朴なホームメイドクッキーに、熱狂的ファン多し。

1 ボウルに室温に戻したバター、きび砂糖、卵、バニラエッセンスを入れ、クリーム状になるまでよく混ぜる。

2 Aを合わせふるって、1のボウルに入れ、チョコチップも加えて混ぜる。

3 直径2㎝ほどの大きさに手で丸め、クッキングシートを敷いた天板に3㎝間隔に並べる。

4 190度のオーブンで、8~10分焼く。

※焼きあがりはやわらかすぎる？と思うかもしれませんが、冷めるとほどよいかたさになります。

試行錯誤してたどりついた材料の配合は、絶対においしくできる黄金レシピ。

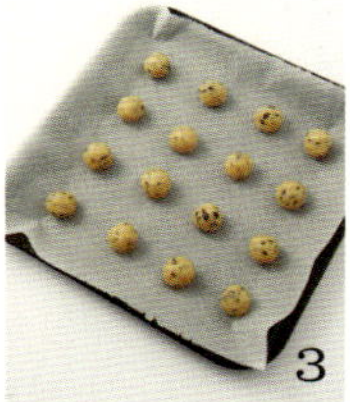

ちび団子のように丸めた生地。焼きあがりがくっつかないように、間隔をあけて並べて。

昔プリン

小学校4年生くらいから、週末は実家のまかない担当をしつつ、空いた時間にお菓子を作るのが私の楽しみでした。その当時すごく大切にしていたお菓子の絵本がありました。レシピも、写真も、お話も大好きで、何度も読み返して背表紙がボロボロになって取れてしまったほど。なかでも繰り返し作っていたのが、この本の中のプリンのレシピです。とろけるプリン、濃厚プリン、と他も試してみたけれど、結局この正統派のレシピに戻っていく。私が30年余り愛している昔プリンです。

材料
（直径6㎝のプリン型　約10個）30min
卵…4個　牛乳…2カップ　砂糖…100g　ブランデー…大さじ1/2
カラメルソース〔砂糖…100g　水…大さじ1　お湯…大さじ1〕

1 〔カラメルソース〕を作る。フッ素樹脂加工のフライパンに砂糖と水を入れて中火で熱し、混ぜる。砂糖が溶けて茶色になり煙が出るくらいまで熱したら、お湯を加えてすぐに火から外し、鍋底を濡れふきんにあてて焦げを防ぐ。油（分量外）を薄く塗ったプリン型に入れる。

2 牛乳に砂糖を加え、少し温めて砂糖を溶かす（温めすぎないこと！）。

3 ボウルに卵を溶きほぐし、2とブランデーを入れて混ぜ、いったんこして1のプリン型に入れる。

4 湯気の立った蒸し器にふきんを敷き、3のプリン型を並べる。強火で1分蒸した後、火をごくごく弱火にして箸を一本はさんで、ふきんをかませたふたをして15分蒸して火を通す。

5 粗熱がとれたら、冷蔵庫で冷やす。器にかぶせて型から抜く。

プリン型の内側に、キッチンペーパーなどに油をふくませて薄く塗ってから、〔カラメルソース〕を入れます。

蒸し器の底に乾いたふきんを敷くことで蒸気のあたりがやわらかくなり、蒸しあがりがきれいです。

ふるふる卵プリンに、
ほろ苦甘いカラメル。
時代を超えて愛されています。

! 型の縁に竹串を入れて、ぐるっと一周するとプリンがきれいに型から出ます。

わらび餅の黒蜜きな粉かけ

わらび餅は冷たい甘味と思っている方も多いと思います。ですが家で練ったわらび餅の作りたてを温かいままでいただく味は、もっちもち感が抜群ですごくおいしい。ちょっと、いいえかなり贅沢なおやつです。ポイントは、本わらび餅粉でなくてもいいので上質のわらび餅粉を使うこと、そして本気でしっかり練ることに尽きます。手を休ませず、腕がぷるぷるしてくるまで真剣に練ったわらび餅を（ごま豆腐も）、うちでは「愛ある腕力の味」と表現しております。二の腕ダイエットにも効果ありかも……!?

材料（3～4人分）25 min

わらび餅粉…70g　水…270cc　黒糖（粉末）…大さじ1

黒蜜〔黒糖（粉末）…50g　きび砂糖…50g　水…50cc〕

きな粉〔きな粉・砂糖…各大さじ3　塩…小さじ1/4〕

1　〔黒蜜〕を作る。小鍋に黒蜜の材料を入れてよく混ぜ、弱火にかける。煮立てないようにして、砂糖がしっかり溶けたら火を止める。余熱があるので、ヘラで混ぜ続ける。膜のようにアクが浮くので、スプーンで取り除いておく。

2　ボウルにわらび餅粉、水、黒糖を合わせ、しっかり溶かしたら、ザルでこして鍋に入れる。

3　2を中火にかけ、練り続ける。透明になって弾力がつくまで、しっかり練る。

4　3を水で濡らしたスプーンですくい取り、器に盛りつける。1の〔黒蜜〕、〔きな粉〕をかけていただく。

※黒蜜は冷めたら瓶などに入れて保存すれば、冷蔵庫で約1ヶ月ほど日持ちする。結晶が出来て気になるようなら火にかけて溶かす。

雑味になるアクをきちんと取り除くことで、すっきりとした甘味に仕上がります。

ヘラで均等にぐるぐる練って。二の腕がぷるぷるしてきたら、もうひとがんばり。ひたすらに練ります。

ヘラですくって餅生地がこれくらいびよーんと伸びてきたら、OKです。

練って練って、もっちり。
自前のわらび餅は、
ひと口食べたらやみつき。

甘い風景も思い出に。
体にやさしい麹のおやつ。

甘酒と酒粕焼き

生まれ育った花背《はなせ》は雪深い山里でした。私の子ども時代は、実家の旅館も冬は休業していたので、冬の間だけは母にちょっと甘えられるひとときがありました。学校から帰ると反射式の石油ストーブの上で、甘酒を温めたり、みかんを焼いたり、藤の花の豆を煎ったり。時々は母が酒粕を焼いて黒砂糖をはさみ、ぽいっと口に放り込んでくれました。寒い冬ならではの暖かなおやつ。忙しかった母との心に残る思い出です。今はわが家のガスの火で、私と娘のお楽しみ。母から娘へ、甘いおやつリレーです。

甘酒

材料（2人分）200min

ご飯…1膳分　水…50cc　米麹（乾燥）…100g

砂糖・おろししょうが…適宜

1　ご飯と水と米麹を混ぜ（写真1-1）、密封保存袋に入れる。炊飯器の上やこたつなど温かいところ（40〜50度）に3時間ほどおいて、お粥状にする。

2　1を同量の水（分量外）で溶き、鍋で温める。好みで砂糖を足したり、おろししょうがを入れてもおいしい。

※気温の高い時期は発酵がよりすすみ、お粥状になるのも早いです。

※冷たくしてもおいしい、和のデザートドリンクです。

酒粕焼き

材料と作り方 3min

酒粕（適量）を食べやすい大きさにちぎって、焼き網であぶる。あつあつ焼きたての酒粕に黒糖（適量）をはさんで、いただく。

ボウルにやわらかめのご飯と米麹と水を入れて、よく混ぜ合わせます。

気温や条件の差で発酵速度はまちまち。時間ではなく保存袋の中をみて判断を。お粥のようにとろとろになったら、2の段階へ。

網でこんがりと焼きます。焼き加減はお好みで。

焼きたてに黒糖をサンドして。あつあつの酒粕に黒糖がとけて何ともおいしい！

りんご生ジュース

あるお正月、家族旅行の韓国で大寒波に遭遇。子どもは「ママ、寒い。歩けへん」と泣き出す始末で、急遽サウナへ。ほかほかにぬくもった後、売店のおばさんが作ってくれたりんごジュースを飲んだらおいしくて、3度もおかわり。やさしいお母さんの味です

材料（作りやすい分量） 3 min

りんご…1個
水…1/2カップ
氷…適量

1 りんごは皮をむいて芯を取り除き、水といっしょにミキサーにかける。

2 たっぷり氷を入れたグラスに、1を注ぐ。

※りんごは銘柄によって水分量が違うので、水の量はそのつど調整してください。

※ミキサーにかけてすぐがおいしさのベスト。時間がたつと、分離するし、色もくすんでしまいます。

アイデア目次

シチュエーション別に
活躍レシピを分けてみました。
献立に困った日の参考にしてください。
（★⇨お弁当のおかずになる一品です）

◎うれしい日の一品
おもてなしになる一品

アクアパッツア　18
アジのちらし寿司　88
★アボカドの春巻き　37
イカトマ炒め　72
★エビクリームコロッケ　8
★カリッとから揚げ　14
カレイのムニエル　68
★高野豆腐と野菜の炊き合わせ　28
小鯛の煮つけ　33
★鮭の南蛮漬け　22
鯖とトマトのパン粉焼き　54
サムギョプサル　64
★筑前煮　26
チンゲン菜と鶏の治部煮　70
鶏と野菜の照り焼き　47
★鶏むね肉のロースト　16
★ピリッとから揚げ　15
★ポークハンバーグ　25
★ほくほく肉じゃが　34
★ポテトサラダ　10
マッシュポテト　94
昔プリン　98
わらび餅の黒蜜きな粉かけ　100

◎野菜を食べたい日の一品

★かぼちゃとなすの煮もの　63
★切り干し大根サラダ　59
九条ねぎのアーリオオーリオ　69
★高野豆腐と野菜の炊き合わせ　28
★根菜サラダ　76
サブジごはん　80
サムギョプサル　64
サラダ菜のサラダなの　67
シャキシャキ水菜サラダ　57
★ジョン　51
★筑前煮　26
丁稚のすき焼き　60
★豆腐なます　32
★豆苗炒め　73
★ブロッコリーのくたくた煮　38
★ほうれん草の韓流おひたし　カバー裏
蒸し野菜のおかずみそ添え　61

◎ご飯がすすむ、スタミナがつく一品

★うな玉丼　86
牛しゃぶ　66
★さくさくカツレツ　24
鯛のアラ炊き　20
★豚のしょうが焼き　46
★豚ニラ炒め　58
★豚バラ大根　12
★モンゴリアンビーフ　30
★焼き肉　31

◎お酒を飲みたい日の一品

★アボカドの春巻き　37
１分おでん　74
梅とろろ　71
★牡蠣の甘辛焼き　45
★ころころフライドポテト　カバー裏
鯖とトマトのパン粉焼き　54
★タラコこんにゃく　36
タラのしょうゆ焼き　48
豆腐ステーキ　44
生ハムキーウィ　カバー裏
★ひじき煮　62
焼き厚揚げ　56

◎ひとりご飯の日の一品

１分おでん　74
韓流マーボー豆腐　49
きざみきつねうどん　90
しば漬け豆腐丼　87
じゃこと万願寺とうがらしのチャーハン　78
ちくわとねぎのスープ　64
チャプチェ　84
豆腐ステーキ　44
納豆汁　40
焼きそばナポリタン　82
★ワカメ炒め　50

◎体調をととのえたい日の一品

梅とろろ　71
簡単サムゲタン　92
鶏煮麺　91
りんご生ジュース　104

◎誰かと作ると楽しい一品

アメリカン・チョコチップクッキー　96
★エビクリームコロッケ　8
サムギョプサル　64
甘酒と酒粕焼き　102

〔肉〕
カリッとから揚げ　14
簡単サムゲタン（鶏肉）　92
牛しゃぶ　66
さくさくカツレツ（豚肉）　24
サムギョプサル（豚肉）　64
筑前煮（鶏肉）　26
チンゲン菜と鶏の治部煮　70
鶏と野菜の照り焼き　47
鶏煮麺　91
鶏むね肉のロースト　16
豚のしょうが焼き　46
豚ニラ炒め　58
豚バラ大根　12
生ハムキーウィ　カバー裏
ほくほく肉じゃが（牛肉）　34
ポークハンバーグ　25
ピリッとから揚げ　15
モンゴリアンビーフ（牛肉）　30
焼き肉　31

〔海藻・魚介・魚介加工品〕
アクアパッツア（白身の魚）　18
アジのちらし寿司　88
イカトマ炒め　72
1分おでん（練りもの）　74
うな玉丼（うなぎ）　86
エビクリームコロッケ　8
牡蠣の甘辛焼き　45
カレイのムニエル　68
小鯛の煮つけ　33
鮭の南蛮漬け　22
鯖とトマトのパン粉焼き　54
じゃこと万願寺とうがらしのチャーハン　78
鯛のアラ炊き　20
タラコこんにゃく　36
タラのしょうゆ焼き　48
ちくわとねぎのスープ　64
ひじき煮　62
水だし（昆布、いりこ、かつお節）52
ワカメ炒め　50

〔豆・豆腐・豆腐加工品〕
高野豆腐と野菜の炊き合わせ　28
しば漬け豆腐丼　87
豆腐なます　32
豆腐ステーキ　44
韓流マーボー豆腐　49
焼き厚揚げ　56
納豆汁　40

〔米〕
アジのちらし寿司　88
うな玉丼　86
簡単サムゲタン（もち米）　92
サブジごはん　80
しば漬け豆腐丼　87
じゃこと万願寺とうがらしのチャーハン　78

〔麺〕
きざみきつねうどん　90
チャプチェ（韓国春雨）　84
鶏煮麺（素麺）　91
焼きそばナポリタン　82

〔甘味〕
アメリカン・チョコチップクッキー　96
甘酒と酒粕焼き　102
昔プリン　98
わらび餅の黒蜜きな粉かけ　100

材料別さくいん

主要な材料別に
全掲載レシピを分けてみました。
旬のもの、使いたい食材から
料理を選ぶときの参考にしてください。

〔野菜・果物〕

アボカドの春巻き（アボカド、レタス） 37
イカトマ炒め（トマト） 72
梅とろろ（長芋） 71
かぼちゃとなすの煮もの 63
切り干し大根サラダ 59
九条ねぎのアーリオオーリオ 69
高野豆腐と野菜の炊き合わせ（干ししいたけ、さつまいも、にんじん、いんげん豆） 28
ころころフライドポテト カバー裏
根菜サラダ（大根、にんじん、蓮根、ごぼう、ブロッコリー） 76
鯖とトマトのパン粉焼き（トマト、ズッキーニ、パプリカ） 54
サブジごはん（なす、ズッキーニ、プチトマト） 80
サムギョプサル（キャベツ） 64
サラダ菜のサラダなの（サラダ菜、きゅうり、紫玉ねぎ） 67
シャキシャキ水菜サラダ 57
じゃこと万願寺とうがらしのチャーハン 78
ジョン（かぼちゃ、ズッキーニ、にんじん、蓮根、九条ねぎ） 51
筑前煮（大根、にんじん、蓮根、ごぼう、干ししいたけ、絹さや） 26
チンゲン菜と鶏の治部煮 70
丁稚のすき焼き（九条ねぎ） 60
豆腐なます（大根、にんじん、絹さや） 32
豆苗炒め 73
鶏と野菜の照り焼き（玉ねぎ、蓮根） 47
生ハムキーウィ カバー裏
豚ニラ炒め 58
豚バラ大根 12
ブロッコリーのくたくた煮 38
ほうれん草の韓流おひたし カバー裏
ほくほく肉じゃが（じゃがいも、玉ねぎ、にんじん） 34
ポテトサラダ（じゃがいも、きゅうり、紫玉ねぎ） 10
マッシュポテト 94
蒸し野菜のおかずみそ添え（白菜、九条ねぎ） 61
りんご生ジュース 104

切り取って
台所へ！

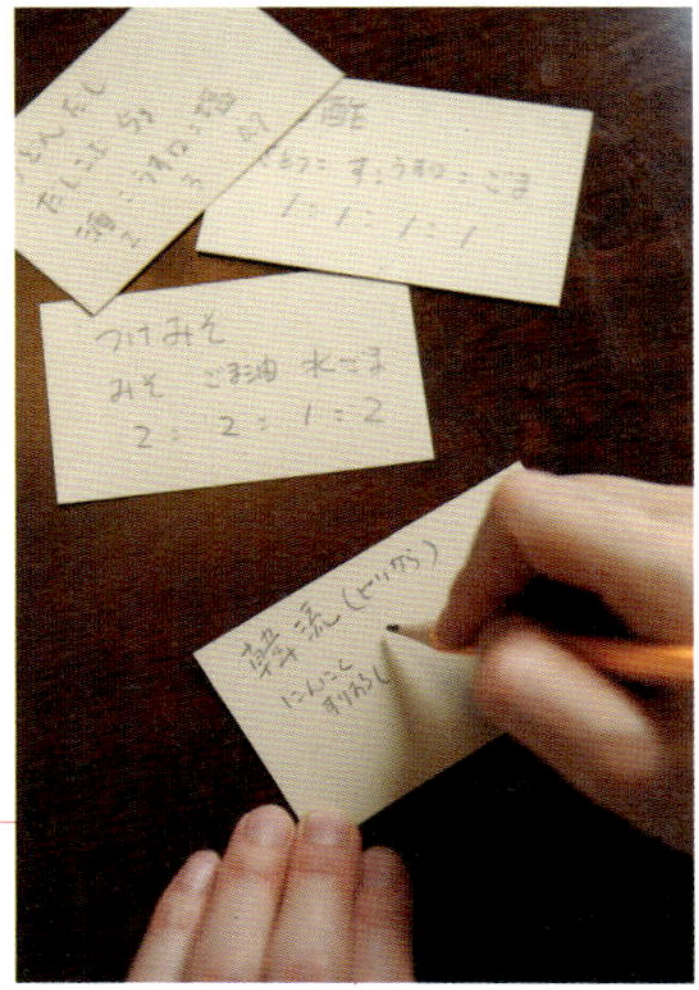

使い回せる定番の味つけ
〔ソース・たれ・だし〕
配合カード

台所にメモがあるとすごく便利な
〔ソース・たれ・だし〕を選び、配合カードを作りました。
目につくところに貼っておくと味つけが手早くできて、
おいしさUP。ぜひご活用を！
（特に表記がないものは、作りやすい分量）

①

〔ピリ辛だれ〕

砂糖
濃口しょうゆ ｝各大さじ4
コチュジャン…大さじ1
おろしにんにく…小さじ1/2

* *

揚げものにからめ、炒めもの、煮ものの味つけに。
◎ピリッとから揚げ→P15

②

〔焼き肉だれ〕

砂糖
濃口しょうゆ ｝各大さじ2
ごま油…大さじ1
おろしにんにく…小さじ1

* *

肉にもみこんで焼くなど、肉料理全般に。
◎焼き肉→P31

③

〔韓流だれ〕

みりん（煮切る）
濃口しょうゆ ｝各100cc
ごま油…大さじ1/2
半ずりごま…大さじ1
ニラ（または、ねぎ/小口切り）…2～3本分
粉唐辛子
おろしにんにく ｝各少々

* *

焼き魚、豆腐など薄味のものにかけて。
◎タラのしょうゆ焼き→P48
韓流マーボー豆腐→P49
ワカメ炒め→P50／ジョン→P51

④

〔みそだれ〕

みそ
ごま油 ｝各大さじ1
ごま
水…大さじ1/2

* *

ゆで野菜、生野菜につけてマヨネーズ代わりに使って。
◎サムギョプサル→P64

⑦

〔すし酢〕

（ごはん１合分）

米酢…大さじ２

砂糖…大さじ１

塩…小さじ1/3

* *

ちらし寿司や鯖や鯛などの魚の寿司など、すしめし全般に。

◎アジのちらし寿司→P88

⑤

〔基本のドレッシング〕

おろし玉ねぎ
みりん
米酢
サラダ油
　各大さじ２

塩…小さじ2/3

* *

マスタード、バジル、木の芽、柚皮などで季節感を加えて。

◎根菜サラダ→P76

⑧

〔甘酢〕

砂糖
米酢
薄口しょうゆ
　各大さじ１と1/2

〔甘酢だれの場合〕

甘酢＋だし80cc

〔甘酢ドレッシングの場合〕

甘酢+ごま油小さじ1

* *

〔甘酢・甘酢ドレッシング〕きゅうりの甘酢和えなど、さっぱりした和えものに。

〔甘酢だれ〕魚介や鶏肉などの南蛮漬けに。

◎鮭の南蛮漬け→P22

切り干し大根サラダ→P59

⑥

〔ホワイトソース〕

バター
薄力粉
　各50g…A

〔クリームコロッケの場合〕

A＋牛乳450cc

〔グラタン、シチューの場合〕

A＋牛乳600cc

* *

料理によって牛乳の分量でクリームのやわらかさを調節して。

◎エビクリームコロッケ（クリームコロッケ）→P8

⑪

〔うどんだし〕

水…５カップ　だし昆布…5g
かつお節（厚削り）…20g
薄口しょうゆ…大さじ1と1/2
酒…大さじ１　塩…小さじ１

うどんメニュー、ぞうすい、肉とねぎなどのスープに。
◎きざみきつねうどん→P90

〔お吸いものだし〕

だし…３カップ
薄口しょうゆ…小さじ２
酒…小さじ1　塩…小さじ1/4

豆腐と三つ葉などの吸いもの全般に。
◎ちくわとねぎのスープ→P64

---

⑨

〔白身魚の煮つけ〕

水
みりん
} 各100cc
濃口しょうゆ…80cc
砂糖
酒
} 各大さじ２

鯛、メバル、カレイ、ヒラメ、イトヨリ（一尾、切り身）などの煮つけに。
◎小鯛の煮つけ→P33

---

⑫

〔麺つゆ〕

だし…100cc
みりん（煮切る）…40cc
濃口しょうゆ…30cc

麺メニュー、親子丼のつゆ、天ぷらのつゆ、ローストビーフなどのつけだれに。

〔つゆだれ〕

だし…50cc
みりん（煮切る）…40cc
濃口しょうゆ…30cc

天丼のたれ、生野菜、ゆで野菜、焼き魚などの減塩かけしょうゆとして。
◎シャキシャキ水菜サラダ→P57

---

⑩

〔筑前煮〕

だし…３カップ
酒
みりん
薄口しょうゆ
} 各大さじ３

ふき、たけのこ、じゃがいも、玉ねぎ、鯛の子などの薄味の煮ものに。
◎筑前煮→P26

大原千鶴（おおはら ちづる）
奥京都、花背の料理旅館『美山荘』の次女として生まれる。山川の自然に囲まれて育ち、小学生の頃から店のまかないを担当し、料理の五感を磨く。現在は京都市中に在住、二男一女の母。料理研究家として、テレビや雑誌、講演会など多方面に活躍中。著書に『京都のごはん』（文化出版局）『家族が好きな和のおかず』（世界文化社）がある。和食ベースの軸のしっかりした、シンプルな家庭料理は「味つけが決まる」と評判で、美しい盛りつけにもファンが多い。メディアでの着物姿のはんなりした印象とは対照的に、実はエネルギッシュな行動派で、アウトドア好きでもある。

staff
構成　おおいしれいこ
撮影　浮田輝雄
デザイン　林修三　鈴木拓朗（リムラムデザイン）
ＤＴＰ　エヴリ・シンク
器協力　トアロード・リビングス・ギャラリー

京都《きょうと》・大原《おおはら》さんちの台所塾《だいどころじゅく》
わたしの十八番《じゅうはちばん》レシピ帖《ちょう》〔定番《ていばん》もの〕

2013年4月20日　第1刷

著者　大原《おおはら》千《ち》鶴《づる》
発行者　藤田淑子
発行所　株式会社 文藝春秋
〒102-8008　東京都千代田区紀尾井町3-23
電話 03-3265-1211（代）
印刷　図書印刷
製本　加藤製本

定価はカバーに表示してあります。
ISBN978-4-16-376320-0　Printed in Japan

万一、落丁乱丁の場合は送料当方負担でお取替えいたします。
小社製作部宛にお送りください。